全国亿万学生阳光体育运动

青少年冰雪运动推广丛书

U0628111

# 冰球

哈尔滨体育学院　组编

本册主编　朱志强　张宏岩

BINGQIU

高等教育出版社·北京

# 前　言

　　冰雪运动是一项在冰上和雪上进行的贴近大自然、具有季节性和独特魅力的运动。随着北京 2022 年奥林匹克冬季运动会申办成功，《体育发展"十三五"规划》《冰雪运动发展规划(2016—2025年)》等体育政策文件相继颁布，我国冰雪运动迎来了大发展时代。为了更好地贯彻落实习近平主席提出的"北京举办冬奥会将带动中国 3 亿人参与冰雪运动"的号召，普及大众冰雪运动，推动冰雪运动发展，让青少年看得懂、学得会，我们编写了"青少年冰雪运动推广丛书"。丛书以奥林匹克冬季运动会 15 个大项为主要内容，挑选易在大众中普及推广的项目，如短道速滑、速度滑冰、花样滑冰、单板滑雪、高山滑雪、冰球、冰壶等项目进行介绍和基本练习指导。丛书立足零基础的儿童、青少年，通过简明的文字、生动的图片和二维码视频，呈现给读者冰雪运动项目的比赛规则、观赛礼仪、器材场地等基本知识，陆上、冰雪上的基本训练方法，以及组织练习和游戏的方法。

　　丛书由哈尔滨体育学院组织编写。哈尔滨体育学院在冰雪运动教学、科研、训练等方面在国内高校首屈一指，先后为国家培养出了罗致焕、王金玉、刘凤荣、申雪、赵宏博、王曼丽、刘佳宇、张义威、王濛、刘秋宏、隋宝库等世界级运动竞技人才，为我国冰雪运动体育事业的发展做出了突出贡献。总主编朱志强教授，现任哈尔滨体育学院院长，国际大学生体育联合会冰球委员会副主席，国际班迪球联合会副主席,中国大学生体育协会副主席、冰雪分会主席,中国冰球协会副主席,教育部教学评估专家。编委阚军常现任哈尔滨体育学院副院长,博士生导师。

　　本册深入浅出地介绍了冰球运动项目,包括认识冰球,安全教育、冰上滑行练习,冰上持球练习,比赛常用战术,场地、装备与器材,比赛规则与礼仪等内容。衷心期望广大青少年读者能够通过本书学习了解冰球运动项目的发展,学会欣赏冰球运动项目,能跟着教材进行基本的技术动作练习。也祝愿广大冰球爱好者喜爱阅读和欣赏本书。

编　者

2020 年元月

# 目 录

# 第一章

## 认识冰球

## 一、冰球基础知识

### （一）定义

冰球运动（Ice Hockey）是以冰球、冰刀和冰球杆为工具，在冰上进行的一种集体对抗性竞赛活动。

### （二）属性

冰球运动是冬奥会项目中唯一的球类性项目，是冬奥会参赛人数最多、比赛时间最长的运动项目。具有冰上运动和球类运动双重属性。由男子和女子两个小项组成，在国际体育分类学上属独立的冬季运动项目。

### （三）特征

冰球是一项技术多样、战术复杂多变、比赛速度快、对抗激烈、身体接触频繁、比赛负荷强度大，以及短时间大强度负荷同静止恢复相交替的运动。统计数据表明，一名冰球运动员在一场比赛中要滑行 5~8 千米，心率每分钟 180~185 次，身体接触（挤贴和冲撞）15 次以上，血乳酸浓度 14~16 毫摩尔，呼吸频率每分钟 60~70 次。因此，从事冰球运动能有效地提高身体素质，增强血液循环系统和呼吸系统机能，提高机体对严寒和疾病的抵御能力，以及培养勇敢、集体主义精神。

## 二、冰球运动发展历程

### (一) 起源

"Hockey"一词派生于法语的"Hocquet",即牧羊人用的弯头拐杖。早在十六七世纪,世界上就流传有不同形式的冰上球类游戏,例如荷兰的"科尔芬"(Kolv)、北美的"欣尼"(Shinty)、俄罗斯的冰上曲棍球(ХОККЕИ МЯЧОМ)、北欧的"斑迪"(Bandy),以及中国古代的冰雪蹴鞠等。现代冰球运动起源于加拿大,19 世纪 50 年代,加拿大金斯顿地区的一些体育爱好者就经常聚集在冰封的湖面上,手中拿着曲棍,脚上绑着冰刀,互相追逐击打用木片等物制成的球。1875 年 3 月 3 日,在一位冰球爱好者克莱·格汤布(CreiGhtonb)的倡导下,在加拿大蒙特利尔的维多利亚冰场(Victoria)举行了首次冰球比赛(图 1-1),后来人们将这一天定为冰球运动的诞生日。

### (二) 冰球运动国外发展历程

1879 年加拿大蒙特利尔麦吉尔大学(McGill)的 W.F. 罗伯逊(Robertson)和 R.F. 史密斯(Smith)教授共同制定了一份正式比赛规则,将比赛人数限定为每队 9 人。1885 年蒙特利尔的一些冰球爱好者自发地组织了"加拿大业余冰球协会",并将参赛人数由每队 9 人改为 7 人。与此同时,金斯顿和安大略的第一个业余冰球团体宣告成立。此后,冰球运动在加拿大各地及一些欧洲国家很快地普及开来。

1908 年 5 月 15 日至 16 日,法国的普兰克(Planque)和范德

图1-1  1875年加拿大蒙特利尔维多利亚冰场

奥埃旺（Van Der Hoeven）、比利时的德克莱休（De Clarcq）和德马拉雷特（De Malaret）、瑞士的梅洛尔（Mellor）和迪福尔（Dufour）、英国的马夫罗格罗达托（Mavrogrodato）4个国家的7名冰球代表，应法国新闻人士路易斯·马格尼斯（Louis Magnus）的邀请齐聚巴黎，共同商讨冰球运动的发展。就在这次会议上，成立了国际冰球联合会（International Ice Hockey Federation，简称IIHF）。1909年，国际冰球联合会第2次代表大会在法国夏蒙尼举行，会议统一了规则，并决定从1910年开始每年举办一届欧洲冰球锦标赛。

1910年1月10日至12日，第1届欧洲冰球锦标赛在瑞士莱萨旺举行，参加的球队有英国、德国、比利时和瑞士。在这次比赛的推动下，冰球运动迅速在欧洲兴起。对世界冰球运动发展具有重大影响的是在 1920 年,冰球被列为第 7 届奥运会比赛项目。1920 年 4 月 20 日至 30 日,来自加拿大、美国、瑞典、捷克斯洛伐克、瑞士、比利时、法国 7 个国家的冰球运动员参加了在比利时安特卫普举行的第 7 届奥运会冰球比赛,加拿大队获得冠军,后因欧洲冰球运动在战术打法上和身体接触方面同北美冰球运动存在较大差异,这次比赛后来被追认为第 1 届世界冰球锦标赛。1924 年在法国夏蒙尼举行的第 1 届冬季奥林匹克运动会上冰球被列为正式比赛项目,加拿大队再次获得冠军。1930 年开始举办世界冰球锦标赛。1924 年至 1953 年,加拿大冰球队处于领先地位,多次赢得世界冠军。1954 年在瑞典首都斯德哥尔摩举办的第 21 届世界冰球锦标赛,苏联队以 7∶2 战胜加拿大队获得冠军。第二次世界大战以后,随着欧洲国家冰球运动的开展和技术水平的提高,逐步形成了欧、美两洲抗衡的局面。至今,加拿大、美国、捷克、荷兰、瑞典和俄罗斯等国家的冰球运动仍处于较高水平。截至 2015 年,有 74 个国家和地区的冰球协会加入了国际冰球联合会。

## (三) 冰球运动国内发展历程

现代冰球运动于 20 世纪初传入我国,1905 年 1 月 5 日成立了天津冰球俱乐部。从 20 世纪 20 年代开始,冰球运动逐渐在华北和东北地区开展起来,参加者多为学生和侨民。1935 年在北平举行的第 1 届华北冰上运动会上列入冰球表演赛。1949 年中华人民共和国成立后,党和政府对人民的身体健康十分重视,1950 年 11 月 28 日,中华全国体育总会筹委会向各地分会下发了《关于开展冬季运动的指示》,冰球运动在哈尔滨、长春、沈阳、北京、天津等地相继开展起来,并组建冰球队,如长春"白熊"队、哈尔滨"雪冰"队、哈尔滨秋林公司队、哈尔滨苏联侨民俱乐部队以及沈阳联队。1958 年我国有 11 个省、直辖市、自治区的 50 多个市、县开展了各种形式的冰球活动,从事冰球运动的人数达 1.7 万余人,冰球队 370 多支,参加全国比赛的球队由 5 支扩大至 22 支。1981 年 3 月 7 日至 16 日,第 48 届世界冰球锦标赛 C 组比赛在北京首都体育馆举行,在这次比赛中,中国队顽强拼搏,获得第 2 名,以 7 战 6 胜 1 负的成绩首次晋升世界冰球 B 组。由此在国内迅速掀起"冰球热"和"爱国热"。时任中共中央总书记胡耀邦对中国冰球队的表现给予了充分的肯定,号召"全国各行各业都要学习冰球运动员顽强拼搏、为国争光的精神"。1986 年 3 月 1 日至 8 日,中国冰球队参加在日本札幌举行的第 1 届亚冬会获得冠军。1990 年 3 月 9 日至 14 日中国冰球队获得第 2 届亚冬会冠军。从 1972 年至 2015 年,中国男子冰球队先后 8 次进入世界冰球锦标赛 B 组,1986 年和 1990 年两次获得亚洲冬季运动会男子冰球比赛的冠军。

## 三、国际主要组织机构及赛事简介

### (一)国际冰球联合会

经比利时、英国、法国、瑞士等国倡议,国际冰球联合会于 1908 年在巴黎成立,现有会员 68 个。国际冰球联合会(简称国际冰联)工作正式用语为英语和德语,有争议时以英语文本为准。国际冰联总部设在瑞士的苏黎世。

国际冰联的主要赛事有:世界锦标赛、奥运会冰球赛、欧洲锦标赛、欧洲少年锦标赛、世界少年锦标赛、亚太地区少年锦标赛、世界女子锦标赛、欧洲女子锦标赛、欧洲杯、联合会杯、大洲杯等。

国际冰球联合会会员有:安道尔、阿根廷、亚美尼亚、澳大利亚、奥地利、阿塞拜疆、白俄罗斯、比利时、波斯尼亚和黑塞哥维那、巴西、保加利亚、加拿大、智利、中国、中国台北、克罗地亚、捷克、丹麦、朝鲜、爱沙尼亚、芬兰、法国、格鲁吉亚、德国、英国、希腊、中国香港、匈牙利、冰岛、印度、爱尔兰、以色列、意大利、日本、哈萨克斯坦、韩国、科威特、拉脱维亚、列支敦士登、立陶宛、卢森堡、中国澳门、马其顿、马来西亚、墨西哥、摩尔多瓦、蒙古、纳米比亚、荷兰、新西兰、挪威、波兰、葡萄牙、罗马尼亚、俄罗斯、塞尔维亚、新加坡、斯洛伐克、斯洛文尼亚、南非、西班牙、瑞典、瑞士、泰国、土耳其、乌克兰、阿联酋、美国。

## （二）冬奥会冰球赛

1920 年男子冰球首次出现在比利时安特卫普奥运会（夏季奥运会）的赛场上，后将该届奥运会冰球赛追认为首届世界冰球锦标赛。

1924 年在法国夏蒙尼第一届冬奥会上，冰球被列入比赛项目。前四届冬奥会上，冰球的发源国加拿大蝉联冠军。第二次世界大战后，苏联开始垄断该项目，直到 20 世纪 90 年代初苏联解体。

1998 年在日本长野第 18 届冬奥会上，女子冰球被列入比赛项目。美国队击败大热门加拿大队，摘得奥运历史上首枚女子冰球金牌。我国女子冰球队获得本次冬奥会第四名，迄今仍为我国冰球项目最好成绩。

2018 年 5 月 17 日，国际冰联全体成员大会在丹麦哥本哈根召开，大会根据中国冰球协会的专题陈述和国际冰联理事会的商议，全体一致通过中国男、女冰球队获 2022 年北京冬奥会资格。

## （三）世界冰球锦标赛

世界冰球锦标赛是国际冰球联合会最高水平赛事。分为 A、B

组,每组 8 支球队。下设:

世界冰球锦标赛Ⅰ组:分为 A、B 组,每组 6 支队伍。

世界冰球锦标赛Ⅱ组:分为 A、B 组,每组 6 支队伍。

世界冰球锦标赛Ⅲ组:7 支队伍。

### 1. 世界男子冰球锦标赛

世界男子冰球锦标赛按年龄划分为 20 岁以下组和 18 岁以下组别,其名称分别如下:

世界男子(U20)冰球锦标赛:分为 A、B 组,每组 5 支队伍。

世界男子(U20)Ⅰ组冰球锦标赛:分为 A、B 组,每组 6 支队伍。

世界男子(U20)Ⅱ组冰球锦标赛:分为 A、B 组,每组 6 支队伍。

世界男子(U20)Ⅲ组冰球锦标赛:7 支队伍。

世界男子(U18)冰球锦标赛:分为 A、B 组,每组 5 支队伍。

世界男子(U18)Ⅰ组冰球锦标赛:分为 A、B 组,每组 6 支队伍。

世界男子(U18)Ⅱ组冰球锦标赛:分为 A、B 组,每组 6 支队伍。

世界男子(U18)Ⅲ组冰球锦标赛:分为 A、B 组,9 支队伍(根据报名情况进行增减)。

### 2. 女子冰球锦标赛项目

世界女子冰球锦标赛:分为 A、B 组,每组 4 支队伍。

世界女子冰球锦标赛Ⅰ组:分为 A、B 组,每组 6 支队伍。

世界女子冰球锦标赛Ⅱ组:分为 A、B 组,每组 6 支队伍。

世界女子冰球锦标赛Ⅱ组资格赛:4 支队伍。

世界女子冰球(U18)锦标赛:分为 A、B 组,每组 4 支队伍。

世界女子冰球(U18)锦标赛Ⅰ组:6 支队伍。

世界女子冰球(U18)锦标赛Ⅰ组资格赛:分为 A、B 组,每组 4

支队伍。

## （四）北美冰球职业联赛

1917 年，国家冰球联盟（National Hockey League，简称 NHL，法语：Ligue Nationalede Hockey，LNH）在加拿大蒙特利尔成立。这是一支由北美冰球队伍组成的职业运动联盟。NHL 是全世界顶级职业冰球比赛，与美式足球（橄榄球）、美国棒球、美国职业篮球并称为北美四大职业运动。NHL 成立之初只有 5 支球队，现在已发展到 30 支。虽然有 23 支球队位于美国，只有 7 支球队位于加拿大，但是因为冰球运动与加拿大的渊源较深，因此即使在美国的球队中，也有许多球员是加拿大籍。

在 NHL 中，所有的球队分为东、西两个大赛区，每个赛区各分成 3 个分区，每个分区都有 5 支球队。NHL 的赛季分为按照预定赛程表进行的常规赛、按淘汰赛规则进行的季后赛，以及季后赛之后的总决赛。每年东西两大赛区的冠军队伍会在联盟总决赛中角逐最终冠军，争夺斯坦利杯（Stanley Cup）。斯坦利杯是 NHL 比赛的最高荣誉。1892 年，当时的普林斯顿贵族、加拿大政府上将执行长官斯坦利（Stenley）勋爵为奖励冰球比赛的优胜者，用 48.67 美元购置了一个银杯，称为北美国家冰球联盟斯坦利杯。

## （五）大陆冰球联赛

联赛成立于 2008 年，其前身为俄罗斯冰球超级联赛。大陆冰球联赛（英语 Continental Hockey League、俄语 Континентальная хоккейная лига 简称 KHL）除了俄罗斯冰球俱乐部参加外，还吸纳了中国、哈萨克斯坦、白俄罗斯、拉脱维亚、斯洛伐克、克罗地亚、芬兰等国的冰球俱乐部参赛。大陆冰球联赛分常规赛和季后赛，季后赛冠军为当年 KHL 联赛总冠军,获得加加林杯(Gagarin Cup),常规赛冠军获得大陆杯(Continental Cup)。

## (六) 亚洲冰球联赛

2002 年国际冰联代表大会期间,中国冰球协会就扩大中国冰球联赛规模问题同韩国进行磋商。2003 年 2 月,在日本举办第 5 届亚冬会期间,国际冰联副主席、日本冰球协会主席富田正一,就亚洲冰球运动发展问题,召开了中、日、韩三国冰球协会负责人会议,探讨举办亚洲联赛问题。2003 年 12 月,在韩国汉城举行的国际冰联亚洲委员会会议上,中、日、韩三国进一步商讨了亚洲冰球联赛事宜。我国成立了中国亚洲冰球联赛组织委员会,设立办事机构,制定了《2004 中国亚洲冰球联赛组织实施细则(试行)》。经过 8 个多月的筹备,亚洲冰球联赛(Asian Hockey League 简称 AHL)终于在 2004 年 9 月 25 日拉开战幕。参加比赛的队有王子制纸、日本制纸、日光、东京国土、韩国汉孥建设、俄罗斯哈巴罗夫斯克金矿、中国的哈尔滨和齐齐哈尔 8 个队。

比赛分两个阶段进行,第一阶段是常规赛,采用主客场交叉循环制,每队在主场和客场各进行 21 场比赛,然后按积分前 4 名进入季后赛,即总决赛。季后赛采用 5 场 3 胜制。赛季最后两名可引进最多 5 位外籍球员,1~4 名引进 1 位外籍球员,5~6 名引进 2 位外籍球员。亚洲冰球联赛为中国冰球注入活力,促进了发展。我们借助联赛契机,聘请高水平的运动员和教练员,为冰球项目打下了坚实的基础,努力使中国冰球早日进入世界冰球先进水平行列。

## 四、国际冰球的人物与故事

在一百多年的世界冰球运动发展历程中,涌现出了许多的故事与传说,有的激励人心、有的感人肺腑、有的令人回味、有的使人沉思。下面,我们一起来品读这些趣事,领略那些冰球巨星的风采。

### (一)"冰上奇迹"——20世纪最重要的体育时刻

20世纪80年代,苏联和美国两个超级大国进行"冷战"。他们不仅在国际政治方面互不相让,在国际体育赛场上也是你争我夺。1980年,第13届冬奥会在美国普莱西德湖举办。美苏代表队在各个项目上都展开激烈的竞争,男子冰球比赛更是被重点对待。

#### 1. 强大的苏联冰球队

20世纪六七十年代,苏联男子冰球队被誉为"无敌战队",囊括世界各大冰球比赛的金牌,处于世界冰球巅峰的位置。在这届冬奥会前,苏联冰球队在国际赛场上已实现了47战全胜。根据当时奥运会的规定,职业冰球运动员不允许参加奥运会比赛,这使得美国最顶尖的NHL冰球选手都无法参赛。美国队是由明尼苏达大学与波士顿大学等6所大学的冰球队选拔组建而成的。这支业余球队只有等着大败而归了。

#### 2. "小人物"的奇迹逆袭

冬奥会前夕,美国冰球队"理所应当"地输掉了多场热身赛,球队主力也惨遭伤病困扰,冰球界和媒体都不看好美国队。然而这一切都好似歌曲的前奏,在为后续的变奏作铺垫。冬奥会冰球比赛开始后,美国队的"主歌"开始奏响,他们在小组赛中勇敢地逼平了瑞典,力挫挪威,轻取罗马尼亚和西德,大胜捷克斯洛伐克队。美国队,竟然出乎意料地在小组成功出线了。这一骄人战绩,让媒体刮目相看。美苏的冰球比赛开始后,局势十分符合人们之前的预测:苏联队迅速取得领先,在局势和进球上都把握着先机。似乎胜利的天平已经倒向了苏联队。但是,真正的比赛才刚刚开始。面对困境,美国队的年轻球员们表现得异常顽强!

一次"意外"发生了,美国队进球了,追平了比分。

苏联队进球了,美国队又落后了……

美国队又进球了,再次逼平了对手!

一个判断失误,苏联又进球了……

美国队抓住机会一次快攻成功,进球! 他们三度追平比分!

原本一场毫无悬念的比赛,却是险象环生、精彩异常。观众的激情被紧张的氛围唤起,大声呼喊、助威不断,期待着奇迹的降临。终于,美国队队长尤西奥攻入了反超比分的进球! 美国队领先。这时,比赛还剩下 10 分钟。这群大学生能守住他们的球门吗? 对于主场观赛的美国人来说,这 10 分钟紧张、担忧而又煎熬。进球英雄尤西奥后来是这么描述的:"那是我人生最漫长的 10 分钟。"时间一点点过去,美国队防守住了潮水般的攻势。终于,解说员开始了最后的读秒——"你相信奇迹吗? 是的! 你应该相信!"(图 1-2)

比赛结束:美国队 4∶3 赢了苏联,美国队赢了! 美国人近乎疯狂起来,队员们都扑倒在冰面上,现场观众的欢呼声直冲云霄。

可这不是逆袭的全部。美国队接下以 4∶2 战胜了芬兰,收获了这次冬奥会冰球赛的金牌。奇迹十全十美!

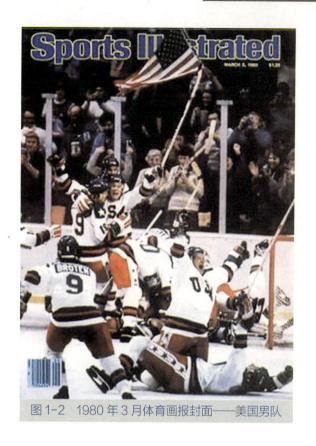

图1-2 1980年3月体育画报封面——美国男队

### 3. "冰球奇迹"的历史价值

"冰球奇迹"不仅仅是一场简单的胜利、或一个冠军的诞生，它代表了太多。它启示着我们在任何时候，即使面对最强大的对手，也要坚定信心、充分准备，不屈不挠地智慧应对，相信奇迹会发生的。1999年，《体育画报》将"冰上奇迹"评为20世纪最重要的体育时刻。2008年作为国际冰球百年庆典的一部分，国际冰联也将"冰上奇迹"评为过去100年来最好的国际冰球故事。

## （二）"冰球大帝"韦恩·格雷茨基

### 1. 辉煌的竞技成绩

韦恩·格雷茨基，是加拿大的冰球巨星，被认为是当代冰球史上最伟大的运动员。这个 1961 年出生的冰球选手，曾经率队在北美职业冰球联赛中夺得 4 次"斯坦利"杯，个人 9 次当选北美冰球联赛最有价值球员，10 次获得北美冰球联赛得分王的头衔，荣获过职业冰球的最高荣誉。 他不仅球技惊人，领导力也卓越，被认为是体育界的真正绅士。只要有他的比赛，年票都会提前卖掉。当 1999 年退役时候，他拥有 61 项职业联赛纪录，创造了 2 587 个进球，成为职业冰球场上最高的个人进球纪录。因为这样难以超越的卓越成就，他被尊称为"冰球大帝"。

### 2. 卓越的竞技能力

人们通常认为，在冰场上争抢必需要人高马大、身强力壮，现实并非如此。格雷茨基恰恰相反，他身高 1.80 米、体重 80 千克，远低于联赛球员的平均水平。可是在比赛中，他却能让对手毫无招架之力。我们不禁疑问：这是为什么呢？ 难道是因为他滑冰最快？ 其实，这不仅仅因为他脚下滑得快、手上控球好，主要是因为他十分聪明，能够迅速预知场上的形势，并准确地判断场上其余 11 名球员在未来几秒钟内的位置。在赛场上，他能够担任起领导的角色，凭借非凡的预判力、灵巧的传球技巧、果断的指挥能力，将队友组织起来，在攻防之中完成一次又一次的完美进球。每次观看他的比赛，人们都不禁要怀疑他是否具有某种超感知的能力。体育评论员在解说时，都激动地说："他在场上的表现，就像是眼睛在他脑后"。此外，他不仅有超凡的预判能力,而且无论是队友、对手还是教练,都非常赞叹他那超乎常人的耐力。队友这样评价他:"格雷茨基总是神一般地存在,人们叫他'伟大的冰球手'"。(图1-3)

图1-3　格雷茨基举起斯坦利冠军奖杯

### 3. 优秀来自于勤奋与热爱

　　格雷茨基的成功,离不开他的勤奋与毅力。他在自传中写道:"从3岁开始,我每天就在冰场练习、提升我的体能,乐此不疲。学生时代,除了上学、睡觉和吃饭,我所有的时间都在冰场上;我热爱在场上的每一次滑行、每一次触球的感觉。"他还说:"很多人认为我在场上做出的迅速反应、预知、决断,都是我先天所具备的超感知力,是一种本能反应。这是把我神话了。在很大程度上,看起来的本能反应,都是我和教练合作进行不懈研究和练习的效果。"正是由于格雷茨基对于冰球的热爱,每天投入大量的时间去学习、去练习,才能具备如此神奇的场上表现能力。这样看来,没有谁天生就可以成功,成功的秘诀在于:你对自己选择的热爱和坚持不懈的努力。

### (三) 传奇球星雅罗米尔·雅格尔

#### 1. 光辉的荣耀

　　雅罗米尔·雅格尔是一位捷克的传奇球星,被认为是冰球历史上最伟大的前锋(图1-4)。他在自己职业生涯的 1 711 场比赛中,一共收获了 765 个进球和 1 149 次助攻,共计 1 914 分,是北美职业冰球联赛历史上得分仅次于"冰球大帝"格雷茨基的球员。在他的职业生涯中,从来没有在比赛场上打过架,仅受过联赛的 3 次处罚:两次是因为高杆,一次是因为从背后推搡对手。由于他在赛场上不屈不挠、敢于拼搏、尊重他人的运动家精神,在 2016 年被授予比尔 - 马斯特顿奖杯。

图1-4　雅罗米尔·雅格尔

#### 2. 成功源于热爱

　　雅格尔 3 岁左右就在自家后院学滑冰,有时候和爸爸一起打陆地冰球。因为喜欢冰球,有时候他一天的射门练习高达五百多次。6 岁时,他已经为三支不同的小球队打球。他控球能力和射门技术都优于常人,但滑行却不尽如人意。当他听说国家队的球员通过蹲起练习去提升滑行速度时，他就每天练习蹲起，不到一年就成为队里滑行最快的球员。后来，他被选入捷克国家青年队，参加世界青年锦标赛，击败过强队加拿大队。为了进一步提高自己，他参加了北美冰球联盟的选秀，被匹兹堡企鹅队在第五位选中。20世纪90年代，雅格尔和队友组成的攻击线，堪称是那个时代北美职业联赛中无人可挡的进攻组合。在1991年和1992年的两个赛季，他帮助球队拿下"斯坦利"杯，创造了企鹅队的黄金年代，球迷们称之为"雅格尔年代（Jagr Years）"。

### 3. 冰球报效祖国

除了参加职业联赛，雅格尔总是响应国家的号召，代表捷克队参加比赛。1998年，他率领捷克队在决赛中击败了俄罗斯国家队，摘得冬奥会冰球项目金牌。在回国时，10万名球迷齐聚在布拉格的广场上庆祝英雄的归来。在雅格尔的带领下，捷克冰球达到了一个巅峰时期。2005年和2010年，他又先后两次帮助捷克队夺得世界冰球锦标赛的桂冠。尤其是2005年在维也纳世锦赛中，他在小组赛中手指骨折，但坚持打完了全部比赛。其硬汉形象也令全世界的冰球迷都为之倾倒。他本人也成了冰球史上仅有的25位将冬奥会、世锦赛、斯坦利杯三大冠军集于一身的顶级球员。

### 4. 谦逊的品格

2013年，雅格尔签约新泽西魔鬼队。宝刀不老的他在2014年成为球队的得分王。2015年，他转到佛罗里达美洲豹队，将自己的得分提到全联盟的第三位。2018年，46岁的雅格尔在卡尔加里火焰队退役。他在感言中说道："本赛季我饱受伤病影响，对球队贡献太少,便萌生了退意。有人问我,已经在联赛出场那么多了,差几十场就能够超越两位伟大的前辈成为历史第一了,为什么不再坚持一下？我的想法是,两位前辈是如此的伟大,仅仅能够跟他们相提并论,就足够让我感到荣幸。至于记录的问题,那就是一堆数字。我不会为了强求破掉某个记录,自私地要球队派我上场。因为我心里清楚,现在我的状态已经难以跟上快速的比赛节奏,我在场上只会拖累球队。所以,我断然不会因为个人的记录而牺牲集体的利益。这也是我职业生涯一直这么要求自己的。虽然我内心也非常遗憾,如今不得不告别赛场,但这就是职业体育。"

# 第二章

## 场地、装备与器材

- 一、场地
- 二、装备与器材

## 一、场地

冰球场地包括：白色的冰面、端区界墙、防护玻璃、防护网、球门网、球门、运动员席、受罚席、监门席、记录席等。

国际冰联世界锦标赛场地标准尺寸为长 60 米，宽 30 米。围绕场地的界墙用白色的木料或可塑材料制成，高度从冰面算起不少于 1.07 米，界墙板之间的缝隙不超过 3 毫米。界墙下部安置黄色的防踢板，从冰面起高 15~25 厘米。防护玻璃位于界墙上，球门后的防护玻璃高 2.4 米，长度从底线向蓝线延伸至少 4 米，沿边线界墙上的防护玻璃必须高 1.8 米，各防护玻璃之间的空隙不超过 5 毫米，运动员席前没有防护玻璃。在端区界墙和防护玻璃上必须悬挂防护网。

冰面上有 5 条分界线：位于底端的 2 条死球线、2 条蓝线和 1 条红线，将冰场分为 3 个区，即守区（己方底线至蓝线之间）、中区（两条蓝线之间）和攻区（对方蓝线至底线之间）。冰面上有 9 个争球点：1 个中心开球点（蓝色），4 个蓝线争球点（红色），4 个端区争球点（红色），只允许在 9 个争球点上争球开始比赛。冰面上有 3 个区域，2 个分别位于每个球门前称为球门区，仅为比赛双方守门员所用，1 个位于记录台前称为裁判区，比赛期间场内裁判员所用。每个冰场必须有两个球门，各位于冰场的两个球门区内，每个球门必须位于底线中间，在比赛过程中保持稳定，球门柱垂直高度从冰面算起 1.22 米，两个球门柱内侧相距 1.83 米。每个球门支架后应覆盖白色尼龙球门网，当进球时能将球留在门内（图 2-1）。

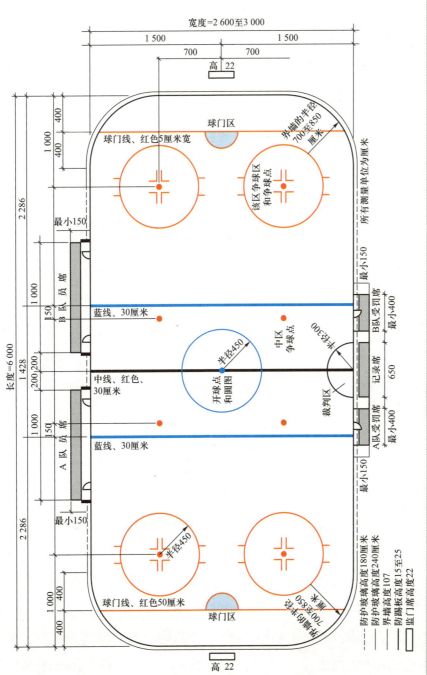

图 2-1　冰球场地

## 二、装备与器材

### （一）基本装备与器材

冰球运动的装备与器材包括冰球、冰球杆、冰球鞋、护具（手套、头盔、护颈、护齿、护胸、护裆、护膝、护肘、护臀、护袜）、比赛服。队员必须穿戴统一颜色、样式的头盔、护袜、护臀、比赛服。守门员可穿戴与队友不同颜色的冰鞋、手套或不同颜色和样式的面罩。

### （二）冰球、冰球杆、冰球鞋

#### 1. 冰球

冰球为硬橡胶或经国际冰联批准的其他材料制成，必须为黑色，直径为 7.62 厘米，厚度为 2.54 厘米，重 156~170 克（图 2-2）。

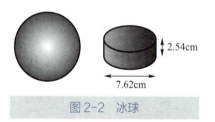

图 2-2　冰球

#### 2. 冰球杆

冰球杆（简称：球杆）应是木制或其他经国际冰联批准的材料制成的。球杆不能有任何突出部分，所有的边缘都必须是斜面的，球杆由杆柄和杆刀组成。球杆分队员球杆（图 2-3）和守门员球杆（图 2-4）两种。球杆杆柄最顶部必须有防护，如果移除或掉落将被视为

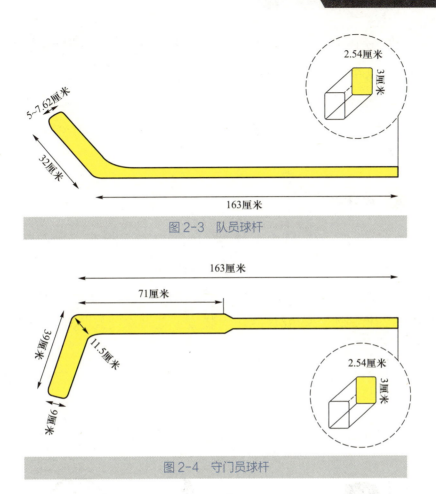

图2-3　队员球杆

图2-4　守门员球杆

危险装备,不能使用。禁止将任何物质插入球杆杆柄的空心处,以改变球杆的重量、质地或作用。球杆的任何部分可以缠任何颜色但不带荧光的胶带。球杆不允许涂有荧光色。比赛中,队员球杆损坏应立即丢掉它,不允许使用守门员球杆,但可以去队员席取球杆或使用队员递来的球杆。队员球杆杆柄从根部至顶部最长163厘米,最宽3厘米,最厚2.54厘米。球杆杆刃从根部至顶部最长32厘米,高5~7.62厘米之间。关于球杆的长度,允许有些特例,如队员身高2米,可向国际冰联提出书面申请,通过后可以使用长度不超过165.1厘米的球杆。

守门员的杆柄从杆的根部算起,最长 163 厘米,杆柄最宽 3 厘米,最厚 2.54 厘米。杆柄被分为两个部分,下方的部分加宽:从杆的根部算起最长 71 厘米,不能宽于 9 厘米。杆刃从根部算起最长 39 厘米,最宽 9 厘米,杆刃的后跟部分可以是 11.5 厘米,最大弧度为 1.5 厘米。

### 3. 冰球鞋

冰球鞋必须包括四个部分:鞋、冰刀、刀托和鞋带。冰刀必须从前到后都是平滑的,并且始终置于刀托内,刀托不能像花样刀有刀齿,不能像速滑刀那样延伸超出冰鞋。不允许有助于球员滑行速度和能力的机械附加物或其他任何装置。鞋带除荧光色外,任何颜色均可(图 2-5)。

守门员每只冰鞋前面必须有一个非荧光色的保护罩。冰刀必须是平坦,不能超过鞋的长度。不允许任何附加在鞋上使守门员更多接触冰面的刀片、突起物或欺骗性障碍物(图 2-6)。

①正面                ②侧面                ③里面

图 2-5  冰球鞋

①侧面　　　　　　　　　②底面

图 2-6　守门员的冰球鞋

## （三）护具

### 1. 护肘

护肘外部必须覆盖柔软的海绵保护垫，或至少 1.27 厘米厚的类似材料（图 2-7）。

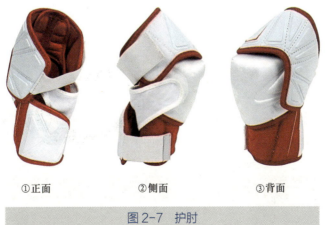

①正面　　　　　②侧面　　　　　③背面

图 2-7　护肘

### 2. 头盔和面罩

　　头盔分为队员使用的和守门员使用的两种。脸部有两种形式的保护：全面护罩和护目镜。连接头盔上的护目镜必须能罩住眼睛和鼻子下沿的正面和侧面。1974 年 12 月 31 日以后出生的男子运动员必须佩戴护目镜。所有的女子运动员必须戴全护面罩。守门员必须戴全护面罩。18 岁及以下年龄的队员必须戴全护面罩，全护面罩应是球与球杆不能穿过的结构。不允许运动员佩戴彩色或着色的护目镜以及全护面罩（图 2-8）。

①守门员头盔　　　　　②球员头盔

③护目镜　　　　　④全护面罩

图 2-8　头盔和面罩

### 3. 护颈

所有 18 岁及以下年龄的队员参赛必须佩戴护颈(图 2-9)。

图 2-9　护颈

### 4. 护齿

20 岁以下队员必须戴护齿(图 2-10)。

### 5. 护喉

允许守门员在头盔面罩下巴处添加护喉,它必须由不能导致受伤的材料制成(图 2-11)。

图 2-10　护齿　　　　图 2-11　守门员头盔和护喉

### 6. 手套

队员的手套必须全部护住手和手腕。手套的背部必须是柔软的材料,不能附着它物(图 2-12)。

### 7. 球员护腿

护腿尺寸必须符合个人腿的大小,能合适放入标准的护袜里,不允许有突出或附加物(图 2-13)。

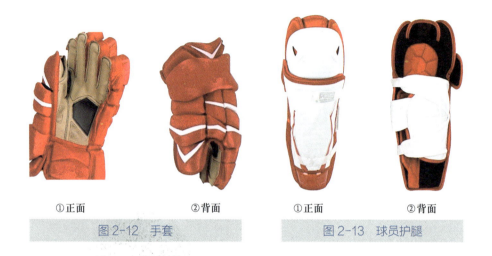

①正面          ②背面          ①正面          ②背面

图 2-12  手套          图 2-13  球员护腿

### 8. 挡球手套、抓球手套

守门员专用的挡球手套必须是长方形的,保护大拇指和手腕的护垫必须紧系在挡球手套上,并包裹住大拇指和手腕,不允许有任何部分隆起。档球手套外部尺寸长 38.1 厘米,宽 20.32 厘米(图 2-14)。

守门员的抓球手套长度为 20.32 厘米,宽为 10.16 厘米,根据顺着网窝到"T"型圈的顶部距离不能超过 46 厘米。抓球手套的周长不能超过 114.3 厘米(图 2-15)。

### 9. 守门员护腿

守门员的护腿最宽不能超过 28 厘米。在冰刀前面的护腿下部

图 2-14　守门员挡球手套

图 2-15　守门员抓球手套

与冰面之间不允许被任何材料遮挡。不允许有涂鸦设计，严禁带有淫秽、辱骂性和宗教文化图案或标语（图 2-16）。

①正面　　　　　　②背面　　　　　　③侧面

图 2-16　守门员护腿

## 10. 护胸

护胸的前沿或侧边，护臂内侧和外侧，整个肩膀都不允许突起。护肩盖的保护层必须紧贴肩盖的边沿，不能成为突起物或延伸超过肩膀和护肩盖。护肩在锁骨层的每一面都不能延长，不能有高过或超过肩部和肩盖的突起物，或延伸超过腋下。锁骨保护层和护胸之间不允许有插入物，那样会使锁骨保护层突起。如果在队员或守门员屈膝时，护肩或护肩盖被推高超过肩部的轮廓，那么认为此护胸为非法装备（图 2-17）。

①正面                              ②背面

③里面

图 2-17  护胸

### 11. 护臀

护臀由国际冰联指定供应商生产，不允许在大腿和腰部提供内部和外部的保护，不能有突起物（图 2-18）。

### （四）比赛服

比赛的所有运动员必须穿戴统一的比赛服、护臀、护袜和头盔。比赛服必须统一设计，包括国家（或队名）、袖子上的号码和背后的

①正面　　　　②背面　　　　③侧面

图 2-18　护臀（防摔裤）

名牌。比赛服必须完全穿在护臀外面,适合队员身型不能过于宽松。
比赛服下端不能长过护臀下端,袖子不能长过手套的手指。比赛服
基础颜色应占 80% 以上。队员应在
各自比赛服的后背上佩戴 25~30 厘
米高的号码,在上方佩戴 10 厘米高
的名字,两袖上各佩戴 10 厘米高的
号码,队员的号码限定在 1~99 之内。
一旦比赛开始,队员不得更改或互换
比赛服,如比赛中比赛服被沾血或撕
破,这种情况下,主裁让其更换没有姓
名的其他号码的比赛服(图 2-19)。

图 2-19　比赛服

# 第三章
. . . . . . . . . . . .
## 安全教育

### 知识窗

　　冰球是一项非常激烈刺激的运动项目,学习冰球使人心情愉悦并能锻炼人的意志品质。冰球馆室内温度15℃以下,冰温 −8~−15℃,冰厚 3.5 厘米左右,所以夏天既能打冰球又能避暑。

## 一、热身准备

　　在每次滑行训练或者上场打比赛之前,做全身的热身活动非常必要,能够有效预防受伤。

### (一) 躯干—肩部

　　(1) 双脚分开与肩同宽站立;

　　(2) 左臂从头上越过,手向下达到脊柱;

　　(3) 右手在头后护住左肘;

　　(4) 躯干向右侧弯曲,不要转动躯干;

　　(5) 保持 15 秒,重复 2~4 次;

　　(6) 反方向重复这一伸展动作(图 3-1)。

图 3-1　躯干—肩部热身

### (二) 大腿—股四头肌

　　(1) 左脚站立,左手扶墙;

　　(2) 右手抓住右脚,保持背部挺直;

　　(3) 向右侧臀部提起右脚踝;

（4）保持肩、髋、膝关节在同一平面内；

（5）保持 15 秒，重复 2~4 次；

（6）换另一条腿重复这一伸展动作（图 3-2）。

图 3-2　大腿—股四头肌热身

## （三）臀屈肌

（1）左膝跪于地面，右腿向前，膝关节弯曲；

（2）双手放在右脚两侧的地板上；

（3）背部保持直立，肩、髋关节向前；

（4）向前伸展，感觉左侧大腿和臀部有拉伸；

（5）保持 15 秒，重复 2~4 次；

（6）换另一条腿重复这一伸展动作（图 3-3）。

图 3-3　臀屈肌热身

## （四）腹股沟

（1）坐在地板上，双脚并靠；

（2）保持背部挺直；

（3）向腹部方向拉动双脚，上体保持直立；

（4）双手抓住脚踝，双腿摆动或双手放膝盖上向下压膝盖。

（5）保持 15 秒，重复 2~4 次（图 3-4）。

图 3-4　腹股沟热身

## （五）腿韧带

（1）坐在地板上伸直左腿,右腿向里弯曲;

（2）保持背部挺直,肩、髋关节向前;

（3）左腿与左肩对齐,双手向前伸,胸部向大腿方向靠近;

（4）保持 15 秒,重复 2~4 次;

（5）另一条腿重复这一伸展动作（图 3-5）。

## （六）臀伸肌

（1）背朝地板躺下,右膝弯曲;

（2）双手抱住右膝,向胸部靠近,保持右膝与右肩对齐;

（3）保持 15 秒,重复 2~4 次;

（4）另一条腿重复这一伸展动作（图 3-6）。

图 3-5　腿韧带热身

图 3-6　臀伸肌热身

## 知识窗

　　穿冰鞋的方法:冰球护具穿好后才能穿冰鞋,首先把鞋带松好,穿上冰球鞋,按鞋带孔的顺序依次交叉拉紧,最后系紧鞋带,冰球鞋穿好就可以拿起冰球杆上冰了(图3-7和图3-8)。

图3-7　穿戴冰球护具(一)

图3-8　穿戴冰球护具(二)

● 视频:
穿戴冰球护具
(一)

● 视频:
穿戴冰球护具
(二)

# 二、冰上站立与行走

　　要在冰上滑行最不可缺少的装备就是一双合适自己的冰刀了。为避免创伤,训练和比赛中还必须穿戴护胸、护肘、护裆、护腿、防摔裤、手套、头盔等护具。少年运动员和守门员则需配戴防护面罩。冰刀的大小应当合适,鞋带要系紧,不要在鞋鞒(yào)处缠绕,以免影响踝关节运动。

## (一)冰上站立与准备姿势

　　无论是初学者还是优秀冰球运动员都难免在冰上摔倒。因此,如何从冰上站起,是我们在练习初期必须掌握的一项技术。通过练习,可以增强我们的自信心并减少对摔倒的恐惧。

练习方法及要点:

(1)双膝跪立,不要把手放在冰面上;

(2)保持头和胸膛向上,双手握杆;

(3)将左腿移至杆末端,以便于冰刀的刀刃能有效地切在冰面上;

(4)杆向下压,支撑大腿,上身向上;

(5)支撑另一条腿直到刀刃在冰面上放平,保持身体平衡,右腿收回站起(图3-9)。

图3-9  冰上站立练习

## (二)冰上行走预备姿势

预备姿势注意要点:

(1)双脚分开站立,两冰刀平行,分开的程度与肩同宽即可;

(2)脚趾向前;

（3）弯曲双膝，使膝盖的垂线能恰好落在脚趾上，即与脚趾同处一线；

（4）身体略前倾；

（5）抬头；

（6）双手握杆，拍面轻轻放置在冰上（图 3-10 和图 3-11）。

图 3-10　冰上行走练习正面图

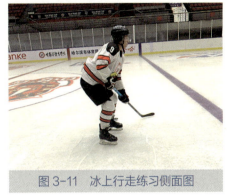

图 3-11　冰上行走练习侧面图

# 第四章

## 冰上滑行练习

## 知识窗

　　初学者注意事项：做好准备活动，佩戴护具；不要做危险动作，循序渐进地练习。根据个人身体素质情况每半小时休息一次。休息时注意保暖补水，松开鞋带，活动一下脚踝，使血液循环畅通，缓解疲劳。

## 一、直线滑行

　　滑行是打好冰球的必备技术，也是掌握冰球技术的基础。可以通过以下练习方法，循序渐进地掌握这一技术。

### （一）T 字型蹬冰

　　滑行前进的第一步是 T 字型蹬冰，这是练习者在自我控制下的向前移动。

　　动作要领：

　　（1）将前脚朝向移动方向，后脚放在前脚稍后位置，形成 T 型；

　　（2）保持冰刀刀刃平于冰面，将重心放在后脚上（图 4-1）；

　　（3）后腿用力向后下方蹬出，腿部用力；

　　（4）前腿膝盖弯曲，头抬起，前脚冰刀全刃着冰；

　　（5）下次蹬冰前，快速把后脚收回到 T 字位置。经过一段时间的练习，可进行 T 字型快速滑动（图 4-2）。

图 4-1　形成 T 字型姿式

图 4-2　向前移动

## (二) 直线正滑

视频：
直线正滑

直线正滑是初学者必须学习的基本技术。

动作要领：

（1）从预备姿势开始；

（2）蹬冰脚向侧后方发力蹬冰；

（3）充分弯曲滑行腿，向前滑行；

（4）每一次蹬冰，都需要移动身体的重心到蹬冰腿上；

（5）肩膀对着滑行方向，上身肌肉要放松（图 4-3）。

①侧蹬冰

②出右腿移重心

③蹬冰

图4-3　直线正滑

## 二、转弯滑行

一支冰刀有两个刃：内刃和外刃。转弯时需要使用内刃或外刃（图4-4）。

图4-4　内刃和外刃的使用

### （一）正滑单脚内刃转弯

视频：
正滑单脚内刃
转弯

正滑单脚内刃转弯常在运球摆脱对方和防守顶人时使用。

动作要领：

（1）从向前滑行开始，浮足收回靠近滑行腿，滑行腿膝部弯曲，上体略前倾，体重落在支撑脚上，抬头；

（2）如向左转，身体向左倾斜，右脚支撑，左脚抬起，右刀内刃切入冰面；

（3）转弯到90°以后，右腿伸展蹬冰，身体继续向左转90°，开始向前起跑结束转弯（图4-5）。

①前行,浮足收回

②左转

③结束转弯

图4-5　正滑单脚内刃转弯

## (二) 正滑单脚外刃转弯

正滑单脚外刃转弯常用于速度不大的转身抢球或运球进攻。

动作要领:

(1) 从向前滑行开始,浮足收回靠近滑足,支撑腿膝关节略屈,杆刃接近冰面;

(2) 转弯时,如向左转,身体向左倾斜,头、上体向左转,并带动左腿向左转动,左刀外刃着冰,体重落在左脚外刃上;

(3) 转弯结束后,右脚接压步或侧起跑(图4-6)。

● 视频:
正滑单脚外刃
转弯

①前行，浮足收回　　　　　　　　　②身体前倾

③完成单脚转弯

图 4-6　正滑单脚外刃转弯

视频：
正滑压步转弯

## （三）正滑压步转弯

正滑压步转弯既能改变滑行方向，又能较好地保持滑行速度，是比赛中运动员最常用的一种转弯方法，包括前滑压步转弯和倒滑压步转弯。

动作要领：

（1）正滑压步转弯时，身体向转弯方向倾斜；

（2）转弯方向另侧脚用冰刀内刃，同侧脚用冰刀外刃，两脚交替蹬冰、滑行；

（3）蹬冰时身体重量置于蹬冰腿，其髋、膝、踝关节依次伸展；

（4）蹬冰结束后，冰刀微离冰面，经由内侧脚前交叉过去；

①身体向转弯方向倾斜

②交叉蹬冰

③身体重心移到蹬冰腿

图4-7　正滑压步转弯

（5）内侧脚蹬冰，外侧脚支撑滑行（图4-7）。

## （四）正滑急转弯

● 视频：
正滑急转弯

肩膀和头启动转弯，内侧脚在前，身体重心稍向后一点，落在脚跟部，用后脚内刃和前脚外刃完成转弯（图4-8）。

①肩膀和头启动转弯　　　　　　②内侧脚在前，重心后移

③后脚内刃、前脚外刃完成转弯

图4-8　正滑急转弯

## 三、倒滑

### （一）倒滑站立姿势

动作要领：

（1）双脚分开与肩同宽，膝关节弯曲，背部挺直；

（2）臀部下坐，降低重心，保持抬头、挺胸；

图4-9　倒滑站姿

（3）身体重量均匀分布在每只冰刀上，像坐在椅子上（图4-9）。

### (二) 直线倒滑

直线倒滑主要用于防守。

动作要领:

(1) 保持滑行基本姿势;

(2) 背部挺直,两脚相距同肩宽,单手握杆,杆刃贴放冰面;

图 4-10　直线倒滑

(3) 身体重心移至蹬冰腿,用冰刀内刃向身体侧前方蹬冰,伴随髋、膝、踝关节伸展;

(4) 冰刀用力向内扭转,身体重心由蹬冰腿移向滑行腿(图 4-10)。

### (三) 倒滑双脚内刃转弯

动作要领:

(1) 从基本站立姿势开始,双脚内刃着冰,刃尖内扣;

(2) 双脚蹬冰,脚跟尽可能向外转;

(3) 膝关节弯曲,压住脚掌,用力蹬直腿,用冰刀在冰上画出一个半圆的轨迹;

(4) 双脚蹬冰脚收回到原始位置;

(5) 双脚同时再打开,内刃着冰,刃尖内扣,重复这个蹬冰的动作(图 4-11)。

● 视频:
倒滑双脚内刃转弯

①双脚内刃着冰,刃尖内扣                          ②双脚蹬冰,脚跟外转

③弯膝压脚,蹬腿划半圆

图4-11    倒滑双脚内刃转弯

## 四、急停

### (一) 犁式急停

犁式急停,又称双脚内刃急停,方法简便,易于控制身体平衡,主要用于减速。根据行进方向,可分为正滑犁式急停和倒滑犁式急停。

### 1. 正滑犁式急停

动作要领:

(1) 结束滑行动作,膝部弯曲,重心后移,刀尖内扣;

 视频:
正滑双脚内刃
急停

（2）刀跟向两侧分开,两刀呈内"八"字形;

（3）两脚同时用力,用冰刀内刃向前推压切冰急停(图4-12)。

①弯膝,重心后移,刀尖内扣

②两刀呈内"八"字形

③用冰刀内刃切冰急停

图4-12　正滑犁式急停

## 2. 倒滑犁式急停

○ 视频:
倒滑双脚内刃
急停

　　倒滑犁式急停又称双脚倒滑内刃急停,主要用于防守阻截和变换移动方向。其动作要领与正滑犁式急停相同,只是重心前移,刀尖向外展开,两刀呈倒"八"字形,以两脚冰刀内刃用力向后推压切冰(图4-13)。

①弯膝,重心前移,刀尖外展

②两刀呈倒"八"字形

③用冰刀内刃后推切冰

图4-13　倒滑犁式急停

## (二) 双脚急停

　　双脚急停又称正滑内外刃急停,是一种快速停止法,主要用于迅速改变移动方向和摆脱防守。双脚急停可用双脚,也可用单脚。

　　动作要领:

　　(1) 迅速结束滑行动作,身体向滑行相反方向倾斜,身体重心略向上提起;

　　(2) 肩、臀转动带动身体侧转向前,两刀平行横于滑行方向,身体重心下降的同时两腿用力支撑;

（3）前脚以冰刀内刃、后脚以冰刀外刃同时切压冰面停止；

（4）注意两脚前后错开 4~6 厘米，两刀左右距离 15~20 厘米，体重置放两脚，两腿同时用力（图 4-14）。

①身体反滑行方向倾斜

②重心上提，身体侧转

③重心下沉，双腿支撑

④双脚急停的脚法

图 4-14　双脚急停

## 练一练，比一比

### （一）游戏：点名报到

游戏规则：

（1）ⓒ为教练、○为球员；

（2）球员围成一圈跪在冰面上；

（3）被点到名的站立起来，完成"基本站立姿势"；

（4）用 T 字型蹬冰技术移动到指定位置（图 4-15）。

游戏目的：培养球员反应能力、基本站立姿势与蹬冰技术准确。

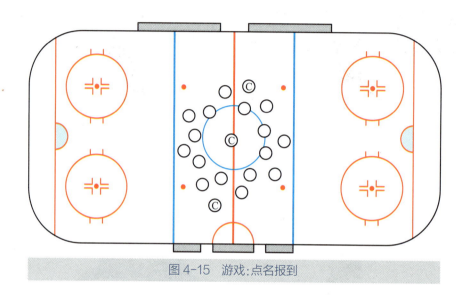

图 4-15　游戏：点名报到

## （二）游戏：警察和小偷

游戏规则：

（1）分成两个小组，一组担任警察◎，一组担任小偷○，并分布在整个场地内；

（2）小偷被警察触摸到后，就被关进监狱（球门或者裁判员区域）；

（3）如果自由的小偷触摸到监狱的小偷，他们就会被释放；

（4）努力将所有小偷送进监狱（图 4-16）；

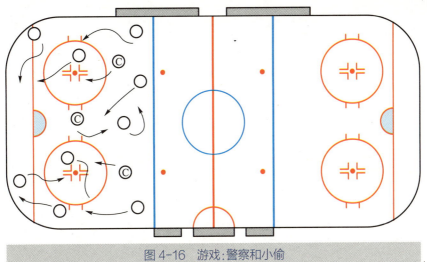

图 4-16　游戏:警察和小偷

（5）ⓒ选滑行速度快的球员。

游戏目的:培养球员滑行技术和反应能力。

# 第五章

## 冰上持球练习

 **知识窗**

　　冰球杆的长度：穿上冰球鞋时，冰球杆应达到下颌和锁骨的位置，以便握球杆把的手可以在身体前面自由移动。

　　握把手的位置：两手在杆柄上最合适的位置是，间距为20~30厘米，臂、腕、肩部放松。

## 一、控球技术

　　控球技术是指运动员手持球杆，在冰球场上做出的各种动作。它是在冰球比赛中获胜的基本功。运动员需要不断提高自己的控球技术才能在比赛中有效地执行教练布置的战术，从而获得胜利。

● 视频：
原地左右拨球

### （一）原地左右拨球

　　（1）采用控球的姿势；

　　（2）通过转动手腕左右来回拨动冰球，用球杆拍头的正手和反手扣住冰球，这样可以更好地控制球；

　　（3）转动手腕，把球拍的头部向里，根部向外，然后转向相反方向；

　　（4）用球拍的中部控制冰球；

　　（5）保持手臂和上体放松；

　　（6）控球必须平稳、有节奏、安静（图5-1）。

①转动手腕　　　　　　　　　　②手臂、上体放松

图 5-1　原地左右拨球

## （二）单手推球

以无人防守时的推球为例。

动作要领：

（1）运动员单手握球杆的顶端，对球杆进行控制；

（2）推球的过程中运动员的肘关节伸直，推球的力度要轻；

（3）推球时，球拍要交替地左右翻转，每次推球的距离不能过长，保持推球稳定性（图5-2）。

图 5-2　单手推球

## （三）冰刀运球

（1）脚尖依次向内、向外转，反复练习，以便能够用冰刀控制冰球；

（2）快速看看脚下，但不要太长时间，尽量保持抬头（图5-3）。

● 视频：

冰刀运球

①脚尖向内转                          ②向外转

图 5-3   冰刀控球

● 视频:
行进间运球

## (四) 行进间运球

(1) 屈膝,重心在两腿中间,呈正确的滑行姿势;

(2) 用杆刃的正反面控球;

(3) 带球时,握杆的两手要靠得近些,肘部离开身体有效地控制球杆;

(4) 做运球练习时,要保持平稳、强有力、有节奏;

(5) 当减速之后,避免不必要的拨球(图 5-4)。

## (五) 拉杆过人

动作要领:

(1) 重心在两腿间,加快蹬冰速度,通过增加蹬冰腿用力的程度,改变速度;

(2) 把头部、肩部、臀部朝向一个方向,将球推向另一个方向;

(3) 推球后身体立即跟随,绕过对方(图 5-5)。

①滑行姿势

②肘部离开身体

③保持平稳, 扣住球

图 5-4　行进间运球

## (六) 倒滑压步运球

倒滑压步运球是一种技术难度较高的运球技术。经常在防守反击、传球的过程中应用。

动作要领:

(1) 上肢保持直立,抬头环视全场,用余光看球的位置;

(2) 杆刃中部扣住球,且要水平地放在冰面上,向后进行拉球或者拨球(尽量进行拉球);

(3) 如向右转弯,降速,杆刃放在球的右前方,向右后方拉球;向左转弯则动作和方向相反(图 5-6)。

● 视频:
倒滑压步运球

①变速

②拉到左侧

③绕过对方

图 5-5    拉杆过人

①压住重心

②倒滑拨球

图 5-6    倒滑压步运球

## 二、冰上传、接球方法

### （一）原地正拍传球与接球

#### 1. 原地正拍传球

冰球比赛中，原地正拍传球用得最多，也是最基本的传球方法。

动作要领：

（1）采用控球的站立姿势；

（2）冰球处在球拍中间的部位；

（3）身体重心放在后脚上，抬头看着传球目标；

（4）上手拉动球杆，下手推动球杆；

（5）在球推出去的时候，身体重心从后腿移到前腿上；

（6）球杆以低位跟随出去，指向传球目标；

（7）准备接球（图5-7）。

#### 2. 原地正拍接球

原地正拍接球是最基本的接球方法，也是更加复杂的接球技术的基础。

动作要领：

（1）接球前，肩部保持放松，保持好力度握住拍柄，手腕保持放松，将杆刃平放在冰面上；

（2）接球时，杆刃向来球方向伸出，并且保持杆刃与来球方向垂直；

● 视频：

原地正拍传接球

①看传球目标

②移动重心

③球杆低位跟随

图 5-7　原地正拍传球

（3）杆刃接触球时，进行引杆，以减缓球的冲力，同时要使杆刃适度前压，与冰面所成角度小于 90°，保持球的稳定，将球扣住（图5-8）。

## （二）反拍传球与弹传球

### 1. 反拍传球

反拍传球是使用频率较高一种传球方法。

动作要领：

（1）握杆的两手放在腹前，和正手传球相似，将球拨到上手

视频：
原地反手传接球

①判断来球方向

②引杆,接住球

③原地缓冲扣住球

图5-8 原地正拍接球

一侧;

(2) 传球时,两手上下握拍,相向运动。通过手臂的转动,下手发力扫球,使球转动离拍传出(图5-9)。

## 2. 弹传球

弹传球主要使用腕力,快速出手,拉杆的幅度特别小,弹传球可以防止对手破坏传球,增加得分机会。

动作要领:

(1) 下手握杆比拉射略低,球杆先向后摆30~50厘米;

(2) 两腕向后翻转,杆刃平行于冰面,两手腕向后翻转,然后向

①扣住球                          ②下手发力扫球

③传出球

图5-9  反拍传球

前用力挥拍；

（3）当杆刃接触球的一瞬间，突然用力屈腕，使球从杆刃的后半部转向前半部，飞离冰面和球拍；

（4）球弹出越过障碍物，飞行中旋转落入冰面。

**练一练，比一比**

## 游戏：精准传球

游戏规则：

（1）球员分成6人一组的小组，其中5名球员站在争球圈的圈

线上,1名球员站在争球圈的争球点(圆心)上,负责抢球;

　　(2)圈外的人员互相传球;切记不可拨球,传球接球必须一拍完成;

　　(3)圈内球员负责抢球,中断传球。被中断的球员和圈内抢球的球员身份互换,继续下一轮抢球(图5-10)。

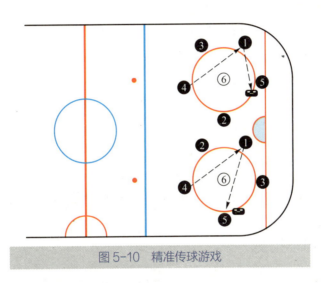

图5-10　精准传球游戏

　　游戏目的:

　　(1)提高球员传接球的准确性和团队意识;

　　(2)培养球员抢断球的能力。

## 三、冰上阻截的方法

### (一) 戳球阻截

这是一种常用而有效的阻截方法。

动作要领：

（1）目视带球队员，用余光观察球。一手握杆并屈臂，将球杆置于身体前的冰面，并将另一手贴近身体；

（2）阻截时动作要果断，突然将手臂用力伸直，用拍刃将球阻截；

（3）截球成功，则立即上前争夺球权；若截球失败，则立即恢复抢截球姿势，继续寻找阻截机会。

## （二）鱼跃戳球

一般于对方队员晃过防守队员并准备射门时使用。

动作要领：

（1）目视冰球并用力蹬冰，在进攻队员的身体侧方向前鱼跃；

（2）用球拍沿冰面破坏对方的控球和射门动作。

## （三）勾球抢戳

一般于对方队员在前面或侧面带球时使用。

动作要领：

（1）蹲下靠近对方一侧的腿，并伸出手臂将杆刃放置在冰面上；

（2）将冰球向靠近自己身体的一侧扫击，或者将球杆沿着冰面向外击打冰球，从而抢截球权；

（3）在防守队员滑倒时，若对方队员从外侧绕过，则防守队员应该面对进攻球员做出转身动作，尽量贴近对方并蹲下，用球杆将冰球从对方拍上勾向自己。

## 四、冰上射门的方法

### (一) 正拍扫射

正拍扫射是冰球运动中最基本的射门方法,也是初学者应当最先掌握的射门技术。

动作要领:

(1) 握杆两手距离与肩同宽,把球放到身体正面的外侧,保持冰球与球拍之间的接触;

(2) 把身体重量放在后脚,两手向前挥动球杆,把球向前推的过程中,重心转移到前脚;

(3) 突然用力转动手腕,上方握杆手向后拉,下方握杆手向前推射;

(4) 球出手后,球杆要高位跟随(图5-11)。即球出手后,球杆跟随球高位送出,想射到哪里,拍尖送到哪里。

● 视频:
扫射

### (二) 反拍射门

反拍射门一般球路变化较大,守门员难以判断和防范。

动作要领:

(1) 握杆两手距离与肩同宽,把球放到身体正面的外侧,保持冰球与球拍之间的接触;

(2) 把身体重量放在后脚,两手向前挥动球杆,把球向前推的同时将身体重心转移到前脚;

(3) 两手挥杆速度逐渐加快,最后瞄准目标,扣动手腕顺势挥拍,使球从球杆尖部旋转射出,飞向球门(图5-12)。

● 视频:
反拍射门

①准备                                    ②向前推射

③球杆高位跟随

图 5-11  正拍扫射

## （三）弹射

● 视频：
弹射

主要使用手腕的力量,而没有拉动球杆的缓慢动作。快速准确,可以防止对方的防守破坏射门,增加得分机会。

动作要领：

（1）握杆的时候,下方的手要比拉射时略低一些。击球前球杆向后摆动 30~50 厘米;

（2）双手手腕向后翻动,杆刃与冰面保持平行,随后用力向前挥杆;

（3）在杆刃触球的瞬间突然用力屈腕,将球由杆刃后半部转向

①球放外侧

②移重心

③射出球

图 5-12　反拍射门

前半部,使球飞离冰面,射向球门(图5-13)。

## (四) 击射

在所有的冰球射门技术中,击射是最快、最有力的射门方法。

动作要领:

(1) 握杆的时候,下方的手向下移动10~15厘米,将球置于双脚之间、身体前方,先瞄准球门,再低头看球;

(2) 上半身向后方转动,同时将球杆向后上方举起,两膝略微弯曲,身体放低;

● 视频:
击射

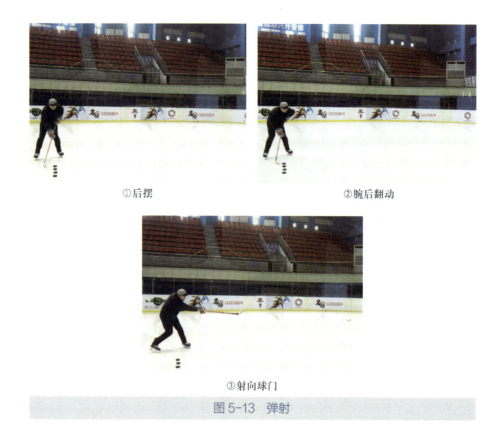

①后摆                                        ②腕后翻动

③射向球门

图 5-13  弹射

　　（3）双手握紧球杆，下侧手手腕锁紧，并由后向前迅速挥杆，用杆刃击打球后几厘米远的冰面，并通过冰面的反作用力使球杆弯曲变形而产生的弹力接触冰球边缘，使球由杆刃后半部转向前半部；

　　（4）目视球门，瞄准目标，前脚内转蹬冰，将重心后移，从而增大上半身向前的惯性，顺势将球击出（图 5-14）。

## （五）挑射

　　当对方守门员跪倒或躺倒防守时，攻防队员可以将球向后方拉回再挑起射门，使球从对方守门员身体上方飞入球门。

● 视频：
挑射

①向后上方举起

②迅速挥杆

③将球击出

图 5-14　击射

动作要领：

（1）将球置于前脚，身体重心始终保持在后脚上；

（2）两手手腕突然用力向上翻转将球挑起；

（3）手腕突然抖动并顺势向上方用力挥杆，使球由守门员身体上方飞入球门（图 5-15）。

①挑射准备                                              ②手腕用力

③抖腕射出球

图 5-15    挑射

练一练,比一比

### (一) 游戏:神射手

(1) 将球员分成两队,分别站在蓝线内两个争球圈内;

(2) 双方球员每人一球,分别向球门(离球员较远一侧)射门,进球多的一队获胜;

(3) 输球的一队负责将场内所有冰球收回,准备进行下一轮游戏(图5-16)。

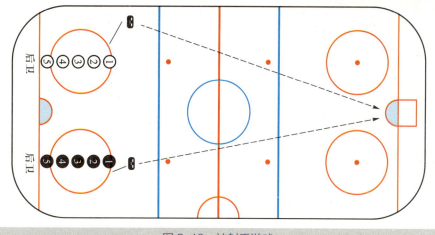

图 5-16 神射手游戏

## （二）端区半场 3 打 3 练习

（1）将两个球门放在争球圈的边侧，面对面摆放；

（2）将球员分成两队，每队分成小组，每组 3 人；

（3）两个球门各有一名守门员，场上可同时存在 8 人；

（4）按冰球规则，两名中锋在球门中间争球，持球的一方需通过合理的传接球射门，最后将球打入对方球门，进球多的一方获胜。

## 五、冰上守门的方法

守门员可以说是球队中最重要的队员，而且由于位置的特殊性，他的护具也最为结实、轻便、合适，这样才能更好地保护守门员的安全，同时又不影响他灵活地做出各种动作。

## （一）基本站立方式

### 1. 蹲踞式

这是一种低姿态的守门方式,腿部和双手的动作要快速,这样才能便于防守低球。

动作要领:

（1）挺胸抬头,腰部以上的身体前倾;

（2）两膝内收,深度弯曲,两脚与肩同宽,这样可以在保持平衡的同时,随时向各个方向做出反应;

（3）双臂放松并将双手张开,与膝盖保持平衡,置于身体两侧,准备随时接球。

### 2. 站立式

视频:
守门员基本站姿

是一种高姿态的守门方式,该姿态下可以扩大上身的防守面积。

动作要领:

（1）双腿并拢并稍微屈膝,挺直背部的同时身体略向前倾;

（2）手持杆柄中上部,同时接球手要做好准备抓球的姿势（图5-17）。

图5-17　站立式

### 3. 碟式

也称为开立式守门方式。

动作要领：

（1）两腿间距较大，打开站立，呈"A"字形，挺直背部的同时身体深度前倾，抬头目视前方；

（2）手持杆柄宽柄处，将球拍置于两腿之间，抓球手张开，做好准备抓球的姿势(图 5-18)。

图 5-18　碟式

## （二）基本防守方式

### 1. 抓球

一般用于防守位于膝盖以上或身上的射门时使用，有利于停球和控球。

动作要领：

（1）抓球手始终张开并保持准备抓球的姿势；

（2）抓到球后，将球置于冰面并用球杆传给队友，也可以打向球门后方或界墙角。

视频：
守门员抓球

### 2. 半分腿挡球

一般用于防守射向身体两侧的球时使用。

动作要领：

（1）一条腿跪地，另一条腿向外踢出；

（2）同时身体略微前倾，并张开抓球手准备抓球 (图 5-19)。

图 5-19　半分腿挡球

### 3. 全分腿挡球

一般用于防守射向球门远端下角的球。

动作要领：

双腿迅速分开，同时高举抓球手以防守高射球。

### 4. 双腿侧躺挡球

一般用于防守晃门或射向远端的冰面球时使用。

动作要领：

（1）侧躺在冰面上，中心位于前腿，后腿抬离冰面；

（2）转移重心，使两腿向一侧滑倒，一腿压在另一腿上方，一手在上以防守高射球。

### 5. 碟式跪挡

一般用于防守晃门以及冰面球时使用。

动作要领：

（1）两膝内收并将小腿外展，用护腿内侧支撑身体；

（2）挺直背部的同时上举抓手，球拍置于两腿中间；

（3）射门来球一侧脚的冰刀要超过门柱。

### 6. 侧踢挡球

一般用于防守侧面的快速低射门时使用。

动作要领：

（1）身体向一侧踢，体重落在另一腿上；

（2）同时用力蹬冰并将重心换回另一侧，使护腿正面对向来球。

**7. 刀挡球**

一般用于防守射向底角的球时使用。

动作要领：

将冰刀转向射门来球方向并与之呈直角状态，使刀刃完全置于冰面上。

● 视频：
守门员挡球

**练一练，比一比**

## （一）守门员选位练习

（1）判断场地中间来球，迅速选择、调整球门前的站位；

（2）根据不同的射门方向，进行弧线、直线或三角形的移动方式练习。

## （二）任意球防守练习

（1）将球员分成两队，分别站在红线两侧；

（2）将球门置于底线两侧，守门员守门；

（3）每队每名球员依次进行任意球射门，守门员进行防门，守住一球得一分；

（4）得分高的守门员获胜，输的一方负责收回场上所有冰球，准备进行下一轮游戏。

# 第六章

## 比赛常用战术

纠正错误动作采取的方法主要有以下几种：

1. 分解法：将动作分解，反复练习，待改正后再进行完整练习。

2. 示范讲解法：教师示范标准动作，然后详细讲解动作要领。

3. 正误对比法：模仿错误动作，然后演示正确动作。

## 一、个人战术

个人战术是指运动员在总的战术方案指导下，个人所采取的积极行动。个人战术的内容丰富，包括接应、跑位、盯人、假动作等。

### （一）接应与跑位

队员在场上的跑动与接应对比赛十分重要，应该特别注意加强训练。跑动接应的队员，首先要观察运球队员是否有意传球，然后再根据传球的方向和对方的防守位置，进行跑动和准确的接应。

### 1. 前插接应

⑥号队员运球，对方④号队员在一侧抢截，在这种情况下，⑥号向前直传的可能性不大，⑤号队员可向侧前方位置跑动，接应⑥号队员的传球（图6-1）。

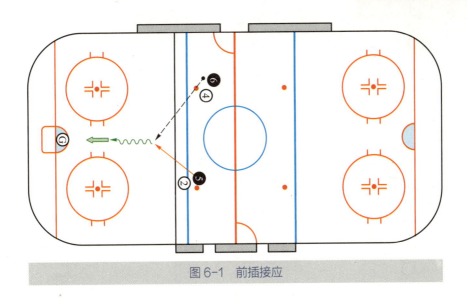

图 6-1　前插接应

## 2. 后撤接应

防守方④号队员在进攻方⑥号队员前面抢截,则⑥号队员向左侧传球的可能性大,⑤号队员可向他的左后侧方向跑动,接应⑥号队员的传球(图 6-2)。

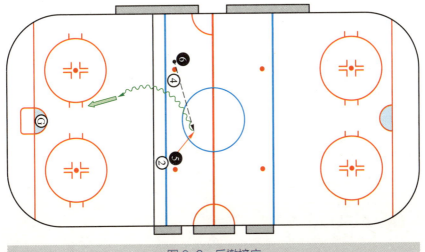

图 6-2　后撤接应

### 3. 横传接应

⑦号队员背对防守队员控制球,同队⑥号队员立即摆脱对方④号防守队员,插上接球射门(图6-3)。

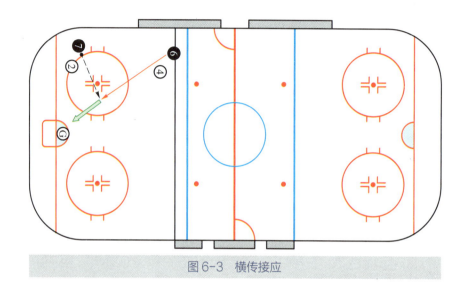

图6-3　横传接应

### 4. 跟进接应

在比赛中效果很好,但要求两人配合默契。⑦号队员从边线切入,同队⑥号队员跟进接应,⑦号队员向后传球,⑥号队员接球后运球射门(图6-4)。

## (二)盯人

盯人分为紧逼盯人和松动盯人。

### 1. 紧逼盯人

紧逼盯人指站好有利位置,贴近对方,不给被盯人接球或传球

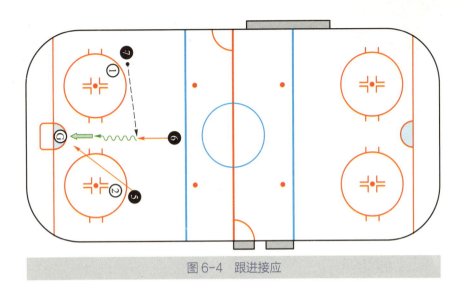

图 6-4　跟进接应

的机会。

　　图 6-5 中,③号队员底线运球,准备发动进攻,④号队员此时就要紧逼盯人,阻止③号向前推进或传球。另外,⑥号队员紧盯对方⑤号队员,防止其接应。

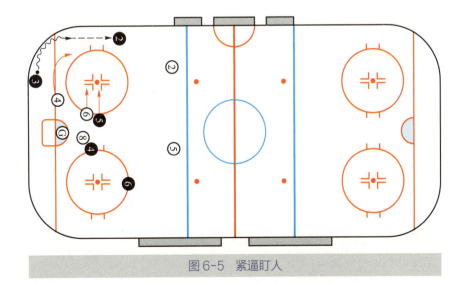

图 6-5　紧逼盯人

### 2. 松动盯人

松动盯人是根据球所在的位置，同对方保持一定的距离，以便随时上前断截。

这两种盯人方法可根据场上形势灵活运用。一般是对离球较近的进攻队员采用紧逼盯人，对离球较远的进攻队员采用松动盯人。在盯人时，既要看球的动向，又要观察场上其他队员的活动情况，以便争取主动。

## （三）假动作

冰球运动比赛时，双方接触频繁，争夺激烈，追逼紧迫，单一的技术动作很难获得成效。因此，必须通过假动作来取得时间、位置和距离等方面的主动权，借以达到自己的真正目的。

假动作是用来隐蔽自己真正目的的一种虚晃动作。假动作包含在运球过人、虚晃守门员、传球、接球、射门等技术之中，就是在阻截、跑位接应时也可以做假动作。假动作技巧性高，熟练掌握之后才能运用自如，并收到实效。假动作的形式很多，大致可以分为无球假动作和有球假动作。

### 1. 无球假动作

无球假动作一般有以下两种：

（1）改变速度的假动作

为了摆脱对方紧逼，可先停止滑行或减慢速度，或向接球点慢滑或倒滑，引诱对方也放慢速度。然后，突然加速跑向空位接球。可见，它是利用慢滑和加速等动作来实现的。

（2）改变方向的假动作

为了摆脱对方紧逼,如前锋在蓝线接应后卫的第一传时,可先向场内侧滑几步,然后突然急停,再起跑到接应点,接后卫的第一传。它是通过急停和起速等动作完成的。

## 2. 有球假动作

包括运球过人的假动作、射门的假动作、抢截的假动作等。运球过人时可以采用虚晃拨球假动作,诱骗对方失去一侧的重心,然后突然向另一侧拨球快速运球摆脱对方。

# 二、进攻的基本战术

冰球的进攻战术,是指队员在比赛中,为了突破对方的阻截,将球攻入对方球门而采取的有效方法和手段。

进攻阵形是进攻战术的主体,它是由局部进攻战术的配合而变化、发展和完善起来的,它是各区域进攻战术获得成功的基础。

## （一）局部的战术配合

局部的战术配合是全队进攻战术的一个有机部分,它由两名以上的队员积极默契协作而形成,有二打一、二打二、三打二、掩护和交叉换位等配合。

### 1. 二打一战术

（1）斜传二打一战术

练习:⑦号队员运球进攻,遇对方④号队员抢截,⑦号队员将球斜传同队⑥号队员,并及时插上接⑥号队员传球射门(图6-6)。

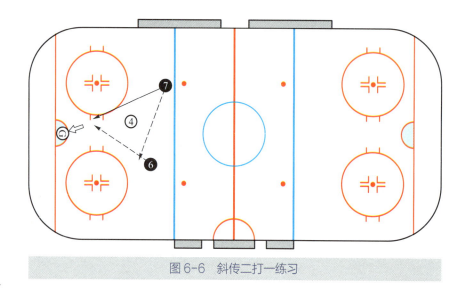

图6-6　斜传二打一练习

（2）横传二打一战术

练习1：⑥号队员运球引诱对方③号队员逼近防守，将球横传给同队⑦号队员，⑦号队员接球后运球直接射门（图6-7）。

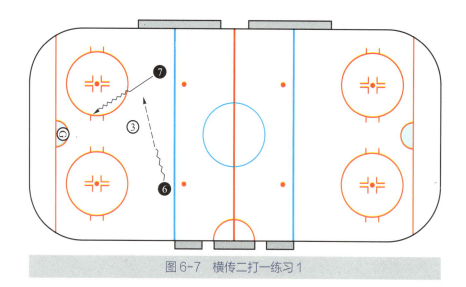

图6-7　横传二打一练习1

练习2：在对方逼近的情况下，⑥号队员横向传球给后插上的⑦号队员，⑦号队员运球前突，若对方③号队员上前封堵，⑦号队员再次横传给向前跑进的⑥号队员（图6-8）。

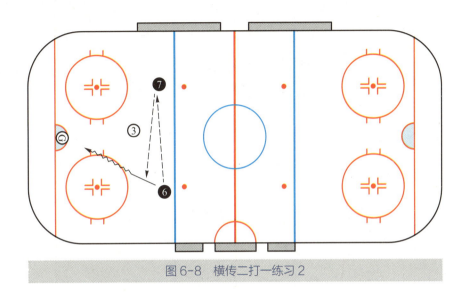

图6-8　横传二打一练习2

## 2. 二打二战术

前场形成二打二进攻局面时，进攻队员应该想方设法创造局部优势，形成二打一局面。如果对方后卫力求保持相互策应的位置，进攻队员可以用两人同时向一名后卫进攻的办法，使另一名后卫离开原来位置，造成二打一局面（图6-9）。

练习：③号队员运球推进，⑤号队员有意滑向对方④号队员，阻挡④号队员跟防③号队员，③号队员向场地中间侧向运球，在对方②号队员上前防守瞬间，⑤号队员突然摆脱绕过④号队员，向前方空位跑动接应③号队员的传球，运球射门（图6-10）。

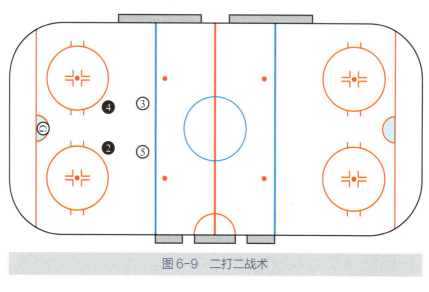

图6-9    二打二战术

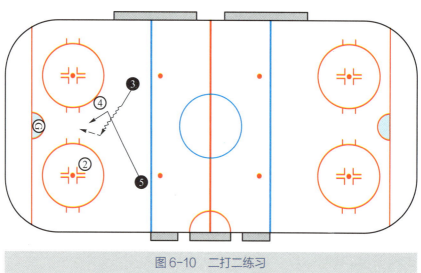

图6-10    二打二练习

## 3.    三打二战术

前场造成三打二进攻局面时,三名队员绝对不能形成一条直线进攻,必须有一名队员随后或突前,形成进攻三角形,以便创造局部快攻的人数优势(图6-11)。

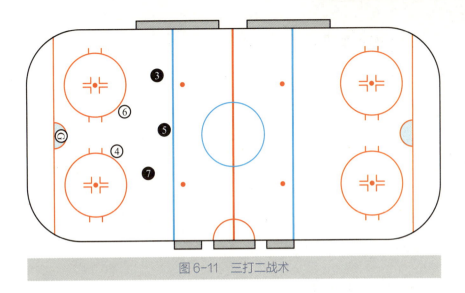

图 6-11　三打二战术

　　练习:⑤号队员传球给⑦号队员,⑦号队员运球试图切入突破,对方④号队员若紧逼退防,⑦号队员可选择传球给后跟进的⑤号队员或传给右侧插上的③号队员形成射门(图 6-12)。

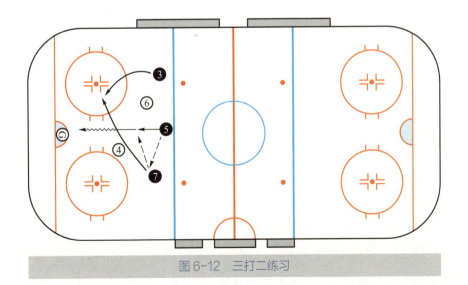

图 6-12　三打二练习

## （二）进攻阵型

进攻阵型是指比赛队员在场上采取进攻行动时队形的大体安排。其名称以各位置上的队员在场上的排列形状而定。目前冰球比赛的进攻阵型主要采用"2-1-2""1-2-2"和"1-3-1"这三种形式。"2-1-2"阵型是：两名边锋突前，一名中锋位于中间，两名后卫沉后。"1-2-2"阵型是：一个中锋突前，两名边锋位于中间，两名后卫在后。"1-3-1"阵型是：一个中锋突前，两名边锋和一名后卫位于中间，一名后卫在后。

## （三）区域进攻战术

区域进攻战术是按各区域的进攻需要而制订的各种进攻方法和手段。

### 1. 守区的进攻战术

快攻出守区就是由防守转为进攻时，在极短的时间内，形成以多打少的进攻局面。

### 2. 中区的推进战术

中区进攻的任务是突破攻区蓝线，快速进入攻区。一般有三种方法，即运球进入攻区、传球进入攻区和击球或射球进入攻区。运球进入攻区一般是在高速前进中，结合假动作和利用交叉或身体掩护等方法，或者前锋直接运球绕过防守来突破蓝线进入攻区。

如图 6-13，前锋直接或强行运球突破蓝线进入攻区。如图中 1，后卫②号运球出守区蓝线之后，中锋⑤号仍然不减速地向前滑，接应②号传的球，运球前进，随时准备从对方两后卫⑪号与⑬

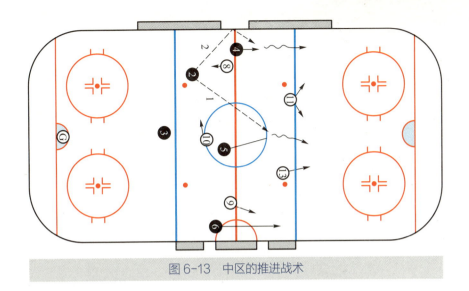

图6-13　中区的推进战术

号中间突破，进入攻区。或如图中2，后卫②号运球，见左边锋④号突然向前加速摆脱防守队员，马上利用界墙反弹传球，边锋④号接球后充分利用领先于对方的速度，强行突破蓝线，运球进入攻区。

### 3. 攻区的进攻战术

攻区进攻的首要任务是射门得分。

（1）运球切入，射门补拍

进攻队员千方百计地创造射门的机会，前锋插上补射的良好时机。如图6-14，右边锋⑥号运球突破进入攻区，切入争球圈附近，做强有力的击球或射球。一旦球被挡回来，不容对方更多考虑，④号边锋和⑤号中锋即插到门前补射。

（2）后留球掩护跟进射门

边锋或是中锋切进以后，后边跟进一名队员，切进者突然将球留给跟进的队员射门，其他前锋迅速插入门前补射。如图6-15，

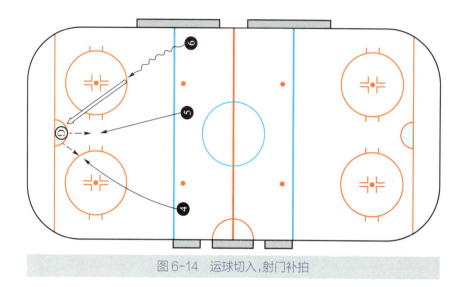

图 6-14　运球切入，射门补拍

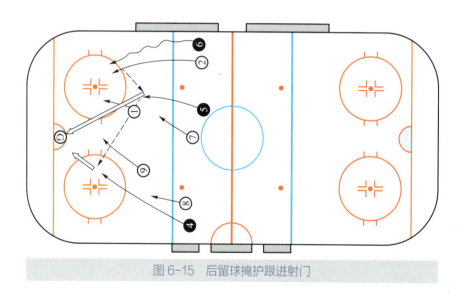

图 6-15　后留球掩护跟进射门

右边锋⑥号运球或接球突破蓝线，同时中锋⑤号向右锋⑥号靠拢，
⑥号顺界墙继续切入吸引对方，突然将球后留或向后传给跟进的中
锋⑤号。⑤号得球后可快速射门，也可传给左锋④号进攻球门。若
⑤号击射球门，两边锋插向门前补拍。

# 三、防守的基本战术

## （一）人盯人防守

人盯人防守是最基本的防守方法。比如守队两个后卫可盯住攻队两个边锋,中锋盯住攻队中锋,两个边锋盯住攻队的后卫。如果出现漏看的攻队队员,就近防守队员应立即补上,以使每一个攻方队员都有守队队员最及时的看守。盯人防守往往采用紧逼盯人,因此,给对方在精神上造成紧张和压力,使之无法传、接球,或者造成传、接球失误(图6-16)。

①逼迫对手往板墙附近运球

②封堵对方突破路线,逼迫对手回转

③与守门员配合封堵对方射门角度

图6-16　人盯人防守

## （二）区域防守战术

失球后,在任何一个区域内的防守队员,立即防守自己所在的区域,对于进入自己防守区域的攻方队员进行抢截和干扰,破坏和延缓对方的进攻。

### 1. 攻区防守战术

（1）攻区"1-2-2"防守战术

这是在攻区进攻失球后采用的一种防守阵形。如图 6-17：攻方后卫⑪在门后侧运球时,守队中锋⑤应立即上去阻截,使他不能顺利、准确地传球。这时边锋守队④和⑥要分别看住攻方的边锋⑧和⑨,后卫③要注意对方中锋⑩的活动,准备阻截,后卫②向界墙策应。

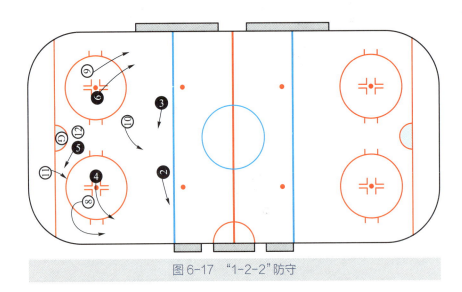

图6-17 "1-2-2"防守

（2）"2-1-2"防守战术

这个阵型可以控制整个球场,容易在中场得球,有四人参加抢截,可防快攻。如图6-18,攻方后卫⑪控制球后,传给右锋⑧组织进攻,守队左锋④应迂回向前去阻截,中锋⑤要看住对方中锋⑩,右锋⑥要盯住对方边锋⑨,防止他们到中间接应。两后卫②、③,随时准备策应,但②号应向界墙靠近。

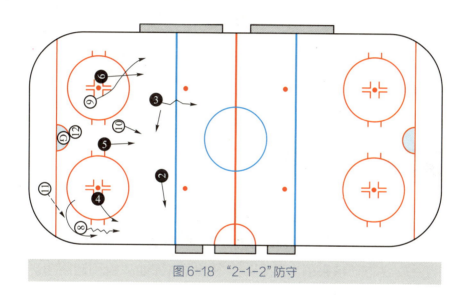

图6-18 "2-1-2"防守

## 2. 中区防守战术

在中区常用"1-2-2"阵型防守。中锋在中区内要阻截带球队员,两边锋要看住对方两边锋,并切断其接球路线,两后卫注意对方从中间突破。如图6-19,攻方中锋⑤运球进攻,守方中锋⑨向前阻截,边锋⑧和⑩要分别看住攻方的④和⑥,并积极配合抢截球。后卫⑪和⑫在蓝线前站成一横防线,防止攻方从中间突破。

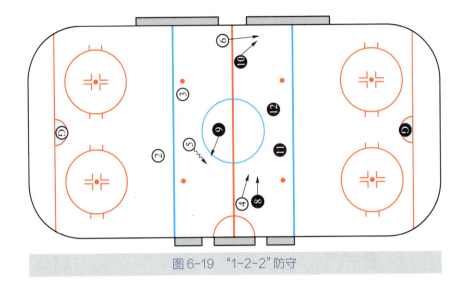

图 6-19 "1-2-2" 防守

## 四、争球的基本战术

　　每一场冰球比赛,从开始到结束,都要进行多次争球。争球是掌握球权的一个重要手段和时机,所以争球的成功与否,将会给本队的进攻或防守带来很大的影响。因此,熟练地掌握和运用争球技术也是战术方面的重要组成部分。

### （一）攻区的争球战术

　　如果争球技术较好,把握性大,在攻区争球时可站进攻的位置角度(图 6-20)。⑤号争球队员将球争给③号,⑥号和⑦号阻挡对方的迎面抢截,③号可射门。

　　如果争球把握性不大,而对方争球技术又较好,可站成防守的有利位置争球(图 6-21)。这是一种盯人的争球位置,争球之后立即进行抢截,或把对方的争球队员顶住。

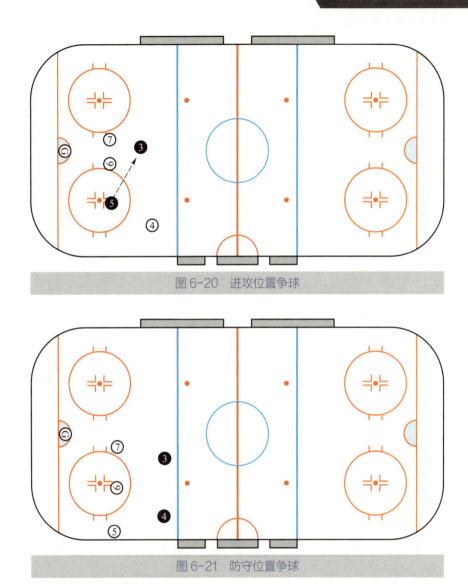

图 6-20　进攻位置争球

图 6-21　防守位置争球

## （二）中区的争球战术

　　在中区争球时，一般都是采用盯人的争球位置（图 6-22）。当人数少于对方，出现四打五的情况时，后卫可代替受罚的前锋去站位（图 6-23）。如果争球队员把握性较大，后卫可在争球时向前活动中代替受罚队员站位（图 6-24），这样接得球后有速度。

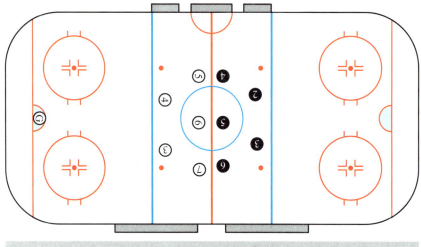

图 6-22　盯人位置争球

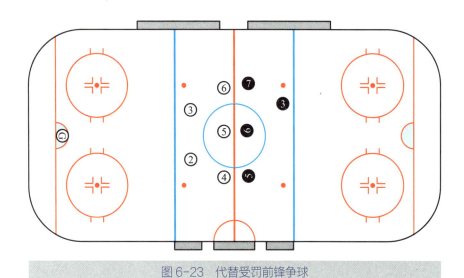

图 6-23　代替受罚前锋争球

## （三）守区的争球战术

在守区争球时,多采用防守性的位置,其主要目的,一是争得球后快速滑出守区,二是防止对方射门。当争球的队员争球技术较

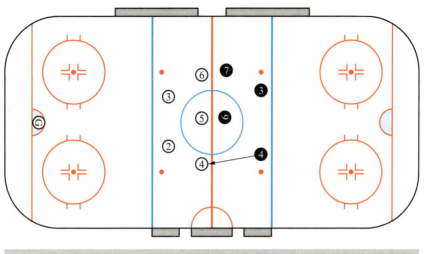

图6-24　代替受罚队员争球

好,而对方的站位又没有攻击性时,应该站盯人的争球位置,如图6-25。⑥号应该把球争给④号,④号接得球后,组织出守区。

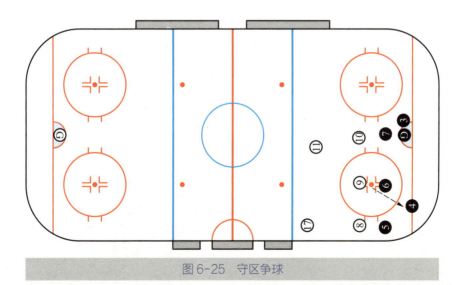

图6-25　守区争球

# 第七章
## 比赛规则与礼仪

- 一、主要规则
- 二、冰球比赛礼仪

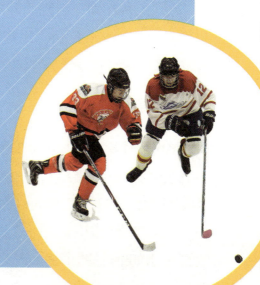

### 知识窗

#### 学习冰球运动的好处

　　冰球运动可以培养人的集体荣誉感、团队意识,增强人体的平衡能力、协调性及灵活性,还可以增强人的心肺功能,提高有氧运动能力。

## 一、主要规则

　　竞赛是冰球运动的生命力所在。没有竞赛,冰球运动就没法得以发展。竞赛需要在公平、公正的条件下进行,需要参赛的所有队员遵守一定的规则要求。冰球运动的竞赛规则有一个逐渐发展和完善的过程。现在人们遵守的是由国际冰联制定的规则。

### (一) 球员

　　冰球比赛在同一组别的两支队伍之间进行。允许每队最多有20名球员和2名守门员。比赛时,可以上场6人,包括3名前锋、2名后卫和1名守门员。

### (二) 赛时

　　每场冰球比赛的时间为60分钟,分为三局,每局20分钟,局间休息15分钟。每局开始,队伍交换场地。如果常规时间内双方战平,则进入加时赛。加时赛时长可以为5分钟、10分钟或20分钟。每种情况下都采用突然胜利法(第一个进球制胜)。射门比赛每队进行特定轮数的射门,如果这些射门后仍然是平局,进行突然胜利法射门比赛。

### （三）进球得分

球员用冰球杆将冰球射入对方球门，并且球完整地越过球门线，即得 1 分（图 7-1）。

图 7-1　进球得分

### （四）换人

由于冰球运动员的滑行速度非常快，而且规则开放，冲撞激烈，因而运动员体力消耗很大，常需要一分钟甚至几十秒就更换一次场上球员。冰球比赛的换人可以随时进行，也没有换人次数的限制，只要下场的球员脱离冰面和比赛区，替换的球员即可上场（图 7-2）。

图 7-2　换人

### （五）裁判

冰球比赛时，冰球裁判分为场内裁判和场外裁判。赛场外裁判受裁判长的领导。每场比赛场内，一般有三人制，即一名裁判员和两名边线裁判员；或四人制，即两名裁判员和两名边线裁判员。后者常用于国际冰联锦标赛等大赛，其他比赛也可采用两人制，即一名裁判员一名边裁判员。但无论几人制都还需要 1 名记录员和 2 名监门员。裁判员穿着冰球鞋和球员一样滑行，均穿黑白条上衣，黑色裤子。双臂佩戴红袖章的裁判为主裁判员，他主要负责处罚犯规的队员，判断进球得分与否，管理全部比赛。边线裁判员主要负责协助主裁判员,判定"越位""死球"等情况,并负责除开球以外的一切争球判罚。

## 1. 犯规处罚

(1)小罚:犯规球员离场到受罚席受 2 分钟的处罚,该时间内该队场上不得增补球员。

(2)队小罚:犯规队派出一名球员至受罚席受 2 分钟的处罚,该时间内该队场上不得增补球员。

(3)大罚:犯规队员离场,本场比赛不允许其再上场。但可以由教练员通过队长指派一名队友替他上场,前提是这名球员必须受罚满 5 分钟方能上场。赛后由专门权力机构自动执行对大罚的重审。

(4)违反纪律:犯规队员离场到受罚席,受 10 分钟的处罚;该队场上可立即增补球员。

(5)停赛:即被取消比赛资格。犯规队员离场到更衣室,被停止该场及下一场的比赛资格;该队过 5 分钟后,方可增补场上球员。

(6)罚任意球:非犯规队的一名球员,在没有任何人干扰的情况下,单独对对方守门员进行一次攻门,有点类似足球比赛中的点球。

## 2. 越位

攻方进攻时,球在越过攻方半场蓝线的瞬间,有攻方球员先于球越过蓝线,即构成"越位"。判定队员是否越位的根据,是以越位队员的冰刀是否完全越过蓝线,冰刀踩在蓝线上则不构成越位。越位判罚后,双方在靠近越位位置附近的蓝线争球点上进行争球。

示例:抢球队员运球通过攻区蓝线的瞬间,本方有其他队员先于冰球越过蓝线进入攻区,视为越位(图 7-3)。

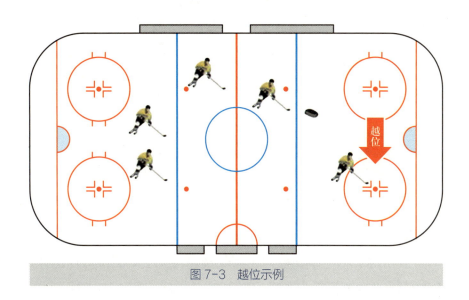

越
位

图 7-3 越位示例

### 3. 暂缓越位

攻方无球队员越过攻区蓝线,但本方控球队员运球时球还未越过攻区蓝线,则处于暂缓越位位置。边线裁判举左手示意有队员处于越位位置,并高喊"越位(Off Side)"提示有人处于越位位置。此时处于越位位置的所有队员迅速跑出攻区蓝线,即可解除暂缓越位,也不构成越位(图 7-4)。

示例 1:进攻队员向前传球,处于攻区的所有队员立即滑出攻区,即不构成越位。

示例 2:进攻队员向攻区内传球,处于攻区的本方队员若立即滑出攻区蓝线再进入,则不构成越位。

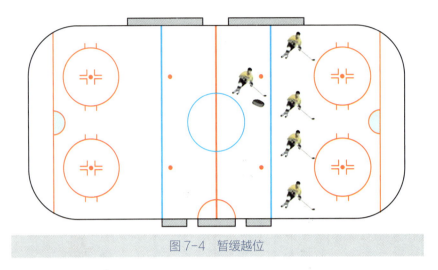

图 7-4    暂缓越位

### 4. 死球

人数相等或人数多于对方的球队,在红线后自己守区半场,以任何方式击球,球没有接触到任何队员越过对方球门线,判定死球,在打死球队距球最近一侧的端区争球点争球。混合型死球,如果球在越过对方球门线前,攻队队员先于守队队员获得球权,将不被判定为死球,如守队队员先获得球权,仍被判定为死球。在奥运会和国际比赛中,通常情况下球只要打到对方端区,裁判即可吹判"死球"。

### 5. 非死球

在以下情况中,若防守方队员在球没有越过中线之前把球打到对方底板区内,可以不判罚死球违例的情况包括:

(1)一方受罚后场上队员少于对方,则允许从己方半场将球打出后直接越过对方球门线。

(2)争球时,争球队员直接将球打成死球。

(3)球传出后,直接经过对方球门区再进入底板区。

(4)球在防守方传出后,对方球员在本方半场内有可能触到但故意不接而造成的死球。

## （六）理解裁判的手势

　　了解裁判的手势可以帮助我们更好地参与、观看或欣赏比赛，下面就为大家简单介绍一些裁判员的手势，具体如图 7-5 所示。

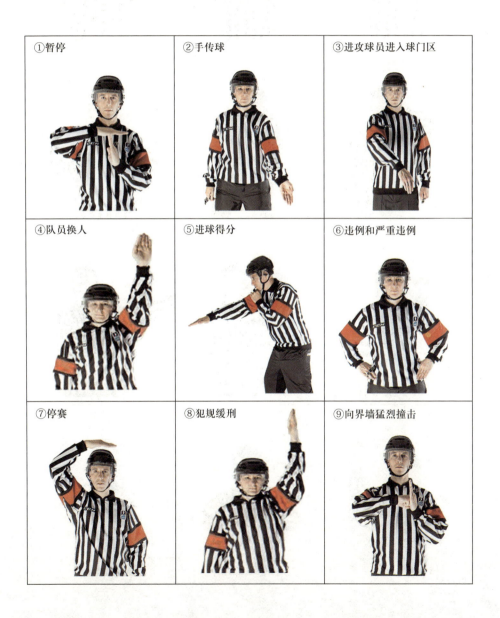

| ①暂停 | ②手传球 | ③进攻球员进入球门区 |
| --- | --- | --- |
| ④队员换人 | ⑤进球得分 | ⑥违例和严重违例 |
| ⑦停赛 | ⑧犯规缓刑 | ⑨向界墙猛烈撞击 |

⑩杆柄杵人　　⑪加速冲撞　　⑫背后冲撞

⑬冲撞头部或颈部　　⑭扑倒绊人　　⑮横杆推阻

⑯肘顶人　　⑰延误比赛

⑱高杆　　⑲抱人　　⑳干扰

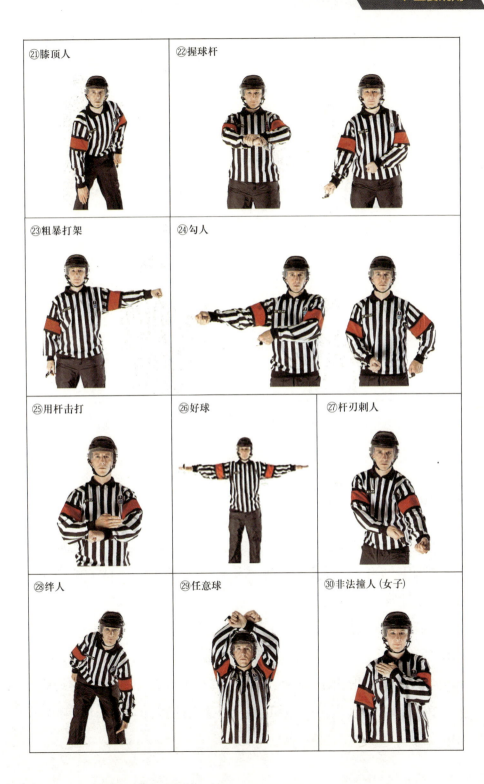

㉑膝顶人

㉒握球杆

㉓粗暴打架

㉔勾人

㉕用杆击打

㉖好球

㉗杆刃刺人

㉘绊人

㉙任意球

㉚非法撞人（女子）

㉛死球 (边裁)

㉜越位 (边裁)

㉝越位缓吹 (边裁)

㉞场上多人 (边裁)

图 7-5  裁判手势

## 二、冰球比赛礼仪

没有规矩不成方圆。任何正式的体育运动项目,都有相应的竞赛规则和一定的礼仪要求。冰球运动也不例外。冰球的礼仪十分重要,是冰球比赛的一部分。

冰球比赛虽然拼抢激烈,允许运动员进行合理冲撞,但却要求运动员讲究礼仪,尊重比赛对手,尊重裁判。其实,礼仪文化是冰球运动中十分重要的组成部分,虽然这些礼节大多不是硬性的规则制度,如果不遵守冰球礼仪也可能不会受到处罚,但却会让人感到美中不足。

## （一）比赛前的礼仪

正式比赛前，球员应该沿着左右侧的蓝线分队站好，听从主持人介绍队伍，集体用球杆敲击冰面，以示敬意。接下来是介绍裁判员。裁判员在裁判员区站好。当宣告员介绍裁判员时，裁判员举手示意。此时，运动员应当立正站好、向裁判员行注目礼。等介绍完之后，运动员应当用杆敲击几下冰面，表示对裁判员的敬意。

最后是双方队长滑到裁判员面前交换队旗和纪念品。交换之后，双方队长要互相握手致意，接着再与裁判员握手致意。

## （二）比赛中的礼仪

### 1. 队长向裁判员询问的礼仪

队长向裁判员询问时，态度应温和、语言要简短，并使用礼貌用语，不应做任何手势和动作，避免引发与裁判员之间的争执。

### 2. 执行处罚的礼仪

队员在受到裁判员处罚以后，要立刻去受罚席执行处罚，并按照以下礼仪规定去要求自己：

（1）不应做任何动作或手势，比如指指点点或者双臂向外打开表示无辜等；

（2）不应说表达质疑的话；

（3）不应用球杆击冰面；

（4）进入受罚席后，不应摔冰球杆和手套，也不应敲打板墙。

### 3. 教练员的礼仪

教练员在队员席不要对裁判的判罚吼叫或者指指点点。也不应让队员反复向裁判员询问。如有规则解释方面的问题，一般只向裁判员询问一次。

## （三）比赛后的礼仪

比赛结束后，双方队员要在蓝线站好，等待领奖、奏国歌、双方握手，然后退场。领奖前应摘下头盔和手套，放下球杆，然后滑到领奖官员面前领奖。最好不要戴着头盔、手套，拿着球杆去领奖。这样会影响接受奖品和与颁奖官员握手。双方获奖队员在颁奖之后也应该握手。奏国歌时，要立正站好，面向国旗、脱帽，不要脚下乱动，不要说话。

双方握手时，要态度认真。握手时不要心不在焉，不要不看对方，可以击一下掌，但要认真。最好面带笑容，要与每个队员握手。不要与有的队员握手与有的队员不握手。双方都握完手之后，双方队长要滑到裁判员跟前，与裁判员握手，然后队伍退场。向观众致敬是非常好的礼仪。有的队在比赛结束双方握手之后，还站成一排向观众致敬，向教练致敬，这都是锦上添花，十分有涵养的礼仪。

## （四）观赛礼仪

冰球比赛是充满速度、力量、技巧与激情的运动。观看冰球比赛时，要注意自己的言行举止。精彩的冰球比赛振奋人心、欢呼和呐喊是很自然的事情。可以为你所喜欢的一方叫好，但不应该辱骂另一方。如果是精彩的场面，不管是主队的还是客队的，都应该鼓掌加油,表现出公道和友好。在比赛中起哄、乱叫、向场内扔东西、鼓倒掌、喝倒彩等行为,是违背体育精神的,是没有修养的表现。

在比赛的紧要关头,尽量不要因一时激动而从座位上跳起来,挡住后面观众的视线。要知道,越是关键的时刻,大家的心情越激动。如果吃零食,不要把果皮纸屑随地乱扔。如果觉得裁判有问题,要按照程序向有关人员提出。谩骂、起哄,甚至围攻裁判都是不应该的。

### 🧭 知识窗

在电视中收看冰球比赛,一般是不看球的,而是看人。电视转播中冰球的运动方向基本为直线,没有弧线魅力可言,寻找球在哪里是一个观赏误区。而球员的滑动速度可以和三大球中球的运行速度相媲美,球员在高速度情况下腾挪、躲闪、过人、躲避等技巧可以弥补看不到球的运动轨迹的缺憾。

内容提要

　　本书是全国亿万学生阳光体育运动课外活动指导书,也是"青少年冰雪运动推广丛书"之一。全书以冬季奥林匹克运动会 15 个大项中的冰球运动项目为主要内容,通过文字、插图和视频,向零基础的青少年普及冰球运动知识,满足青少年了解、欣赏和学习冬奥会项目的需求。全书深入浅出地介绍了冰球运动项目,包括认识冰球,场地、装备与器材,安全教育,冰上滑行练习,冰上持球练习,比赛常用战术,比赛规则与礼仪等内容。

　　本书适合青少年冰球运动初学者学习,也适合冰球爱好者阅读欣赏。

## 图书在版编目（ＣＩＰ）数据

　　冰球 / 哈尔滨体育学院组编 ; 朱志强, 张宏岩本册主编. -- 北京 : 高等教育出版社, 2020.10
　　（青少年冰雪运动推广丛书 / 朱志强主编）
　　ISBN 978-7-04-054031-4

　　Ⅰ. ①冰… Ⅱ. ①哈… ②朱… ③张… Ⅲ. ①冰球运动-青少年读物 Ⅳ. ①G862.3-49

　　中国版本图书馆CIP数据核字(2020)第068956号

| 策划编辑 | 陈 海 | 责任编辑 | 靳剑辉 | 封面设计 | 王 洋 | 版式设计 | 于 婕 |
| 插图绘制 | 黄云燕 | 责任校对 | 陈 杨 | 责任印制 | 田 甜 | | |

| 出版发行 | 高等教育出版社 | 网　址 | http://www.hep.edu.cn |
| 社　　址 | 北京市西城区德外大街4号 | | http://www.hep.com.cn |
| 邮政编码 | 100120 | 网上订购 | http://www.hepmall.com.cn |
| 印　刷 | 北京市科星印刷有限责任公司 | | http://www.hepmall.com |
| 开　本 | 787 mm×960 mm　1/16 | | http://www.hepmall.cn |
| 印　张 | 7.75 | | |
| 字　数 | 88 千字 | 版　次 | 2020 年 10 月第 1 版 |
| 购书热线 | 010-58581118 | 印　次 | 2020 年 10 月第 1 次印刷 |
| 咨询电话 | 400-810-0598 | 定　价 | 32.40 元 |